Transgressão e mudança na educação

H557t   Hernández, Fernando
         Transgressão e mudança na educação: os projetos de trabalho / Fernando Hernández; tradução Jussara Haubert Rodrigues. – Porto Alegre : Artmed, 1998.
         152 p. ; 23 cm.

         ISBN 978-85-7307-440-6

         1. Educação – Método de investigação educativa. I. Título.

         CDU 37.012
___
Catalogação na publicação: Mônica Ballejo Canto – CRB 10/1023

Transgressão e mudança na educação

Fernando Hernández
Professor titular da Faculdade de Belas Artes da Universidade de Barcelona, Espanha

os projetos de trabalho

Tradução:
Jussara Haubert Rodrigues

Consultoria, supervisão e revisão técnica desta edição:
Maria da Graça Souza Horn
Pedagoga. Mestre em Educação.

Reimpressão 2007

artmed®

1998

© Artmed Editora S. A., 1998

Capa:
Mário Röhnelt

Preparação do original:
Paulo Campos, Maria Rita Quintella

Supervisão editorial:
Leticia Bispo de Lima

Editoração eletrônica:
Formato Artes Gráficas

Reservados todos os direitos de publicação, em língua portuguesa, à
ARTMED® EDITORA S.A.
Av. Jerônimo de Ornelas, 670 - Santana
90040-340 Porto Alegre RS
Fone (51) 3027-7000 Fax (51) 3027-7070

É proibida a duplicação ou reprodução deste volume, no todo ou em parte, sob quaisquer formas ou por quaisquer meios (eletrônico, mecânico, gravação, fotocópia, distribuição na Web e outros), sem permissão expressa da Editora.

SÃO PAULO
Av. Angélica, 1091 - Higienópolis
01227-100 São Paulo SP
Fone (11) 3665-1100 Fax (11) 3667-1333

SAC 0800 703-3444

IMPRESSO NO BRASIL
PRINTED IN BRAZIL

SUMÁRIO

INTRODUÇÃO:
Sobre limites, intenções, transgressões e desafios 9

Não é possível recriar a Escola se não se modificam o
    reconhecimento e as condições de trabalho dos professores .. 9
De ensinar a globalizar a aprender para compreender 10
Uma proposta transgressora para a educação escolar 11
Este livro conta a história com fragmentos de outras histórias 13

CAPÍTULO I - Um mapa para iniciar um percurso 15

O "lugar" de quem conta a história 15
Era uma vez... 17
Às voltas com o fio desta história 20
A importância dos nomes 21
O valor da indagação crítica como estratégia de conhecimento .. 24
Aprender para compreender e agir 25
Questionar as representações "únicas" da realidade 27
Além do reducionismo psicológico e disciplinar 30
Mudar a organização do espaço e do tempo escolar 31
A Escola como geradora de cultura e não só de aprendizagem
    de conteúdos 32
Globalização, interdisciplinaridade, transdisciplinaridade?
    Aprender a compreender e interpretar a realidade 34
A atitude globalizadora como forma de sabedoria 35
A globalização como noção epistemológica e operacional 37
A globalização e a organização curricular 37

CAPÍTULO II - A transdisciplinaridade como marco para a organização de um currículo integrado 41

Uma situação social em processo de mudança 43
A reflexão sobre os limites das disciplinas: a transdisciplinaridade ... 45
A necessidade de enfrentar a mudança da Escola 48
Repensar o saber escolar e a função da Escola 49
O currículo integrado como marco para repensar a organização do conhecimento na Escola 50
Argumentos contra o currículo integrado de caráter transdisciplinar 52
Argumentos a favor do currículo integrado de caráter transdisciplinar 53
O papel do currículo integrado: educar para aprender a dar sentido (compreender) 54
A metáfora da "rede" como estratégia para organizar um currículo integrado 57

CAPÍTULO III - Os projetos de trabalho e a necessidade de mudança na educação e na função da Escola 61

A importância de assinalar um ponto de partida 62
O hoje não é como ontem, e o amanhã é incerto 64
A importância de pensar sobre as diferenças 66
Os projetos e seus significados na história da escolaridade 66
Os anos 20: O método de projetos para aproximar a Escola da vida diária 67
Os anos 70: O trabalho por temas e a importância das idéias-chave 69
Os anos 80: O auge do construtivismo e os projetos de trabalho 71
Os projetos de trabalho e a necessidade de abordar a complexidade do conhecimento escolar 73
A pesquisa sobre a compreensão 74
Por que os projetos não são "um método"? 75
Por que um heurístico se transforma numa receita? 76
Falamos de projetos de trabalho..., mas nos interessa o ensino para a compreensão e a mudança da Escola 79
Ensinar mediante projetos não é fazer projetos 80
Favorecer o ensino para a compreensão como finalidade dos projetos de trabalho 86

Algumas dúvidas que surgem quando se fala de projetos
de trabalho 87
Algumas coisas que aprendemos com os projetos de trabalho ... 88
Uma recapitulação para continuar aprendendo 89

**CAPÍTULO IV - A avaliação como parte do processo dos
projetos de trabalho** 93

De onde partimos 93
A perspectiva de mudança e a avaliação nos projetos
de trabalho 97
O portfólio como reconstrução do processo de aprendizagem
nos projetos de trabalho 98
Critérios de avaliação de um portfólio 100

**CAPÍTULO V - Três projetos de trabalho como exemplos,
não como pauta a seguir** 103

Algumas dúvidas que surgem quando são apresentados
exemplos de projetos de trabalho 103
Uma experiência curricular como processo de tomada
de decisões 104
As noções sobre a educação, a aprendizagem e o ensino
presentes nesses projetos de trabalho 105

**CAPÍTULO VI - As informações nos servem para aprender
e nos provocar novas interrogações**
Um projeto de trabalho na turma de 3 anos 107

Um projeto pode ter diferentes leituras 107
A história começa com a experiência de Andrea 108
As orcas em liberdade 108
O acompanhamento de uma notícia, como fio condutor inicial,
converte-se em um projeto de trabalho 109
De Ulisses à vida das orcas: do episódio à generalização 110
Um conceito que se expande 111
O que se aprende em um projeto 112

**CAPÍTULO VII - "Eu aprendi o que queria dizer um
símbolo"**
*Um projeto de trabalho em torno da exposição El Greco, no
MNAC, na turma da Primeira Série do Ensino Fundamental* 115

O início: uma exposição, um autor e um anúncio na televisão ... 115
O mundo de El Greco 116

O mundo no século XVI 117
Da informação surgem interrogações 117
A geografia de El Greco 118
Leitura da imprensa para preparar a visita à exposição 118
A visita à exposição: a descoberta dos símbolos 119
O universo dos símbolos 123
A importância das influências 124
Como se pinta a luz? 125
Às voltas com as influências 126
Aprender a formar uma opinião 127
De onde vêm os quadros de uma exposição e outras
    visões sobre El Greco 127
A avaliação: como reconhecer e saber que um quadro é
    de El Greco? 128

CAPÍTULO VIII - Ter saúde é viver de acordo com nós mesmos
Um projeto de trabalho na turma de quinta série do Ensino
*   Fundamental* 131

Para situar-se no contexto 131
Um projeto permite iniciar novos caminhos 132
A avaliação inicial não é uma rotina 133
Cinco pontos de vista sobre o que é saúde 135
Relação entre a saúde física e a saúde psíquica 136
Situações que criam preocupações às crianças de quinta série ... 136
A pesquisa de Gemma: a tensão ou o estresse 138
O que está acontecendo comigo? 139
Da saúde a um novo caminho: a nutrição 140
O que é a nutrição? 140
Estudo de um cardápio semanal da Escola 141
Receita de um alimento natural 142
Breve história da alimentação 143
A síntese organizativa do projeto: o mapa de Gemma 145

Referências Bibliográficas 147

INTRODUÇÃO
Sobre limites, intenções, transgressões e desafios

Não é possível recriar a Escola se não se modificam o reconhecimento e as condições de trabalho dos professores

Durante minha estada no Brasil, no último quadrimestre de 1997, como professor convidado pelo programa de Pós-Graduação da Universidade de Minas Gerais, tive a oportunidade de compartilhar com professores de escolas públicas, municipais e particulares, com assessores e colegas universitários do Rio, São Paulo, Porto Alegre e Belo Horizonte alguns dos temas, desafios e preocupações que aparecem neste livro. Nesse intercâmbio, cheguei a uma conclusão que quero que sirva de sobreaviso ao leitor que se aproxima destas páginas. Tudo o que vai ser tratado aqui é um luxo e uma sofisticação se não for produzida uma mudança prévia na Escola. Refiro-me à mudança no reconhecimento social da importância do trabalho docente, às condições materiais das Escolas e aos salários dos professores.

Propor a mudança na Escola a partir da perspectiva assinalada neste livro, numa realidade onde, na versão de uma articulista da *Folha de São Paulo*, o salário mensal de um professor é equivalente a um minuto de chamada a um telefone erótico, torna-se, quando menos, uma enorme falta de respeito. Ou, como me dizia um garçom de Buenos Aires, " a gente se sente envergonhado quando vive num país que trata tão mal aqueles que se encarregam de educar nossos filhos". Que na sociedade da

---

* No texto aparece o termo Escola, com maiúscula, para indicar a referência à instituição educativa desde a etapa infantil até o final do segundo grau, e, de certa maneira, também inclui os primeiros anos da Universidade, na medida em que essa instituição cumpre, cada vez mais, uma função "escolar", ao permitir o acesso a uma cultura básica àqueles que entram nela.

globalização e das telecomunicações possa se contemplar no "Dia do Professor" no Jornal Nacional da Globo exemplos de entrega e de abnegação missionária de professoras que têm de caminhar durante quatro horas diárias para ir e voltar do seu local de trabalho em troca de um salário de menos de 300 dólares, não é motivo de orgulho nem de celebração. Ao contrário, de raiva, de lamento e de pena.

Por tudo anteriormente observado no Brasil, e que é extensivo à boa parte dos países da América Latina que está neste momento enfrentando reformas educativas, não se pode falar em mudar a Escola se ela não tem uma série de condições materiais e de recursos que permitam realizar, com dignidade, o trabalho docente, e sem que os professores recebam um salário justo por seu trabalho. Do mesmo modo, enquanto os professores de ensino médio tiverem que cumprir a jornada de trabalho em três ou quatro escolas, será difícil que possam ser introduzidas mudanças substanciais na organização do currículo desse ciclo educativo que levem em conta as mudanças nos jovens adolescentes e na sociedade.

O segundo aspecto que acredito necessário assinalar é que este livro está a favor da Educação, da Escola e da profissão docente. Estas páginas respondem com entusiasmo à idéia de que a educação na Escola contribui para a socialização dos indivíduos e para que possam ser melhores. Diante daqueles que insistem que a "Escola seja um aparelho reprodutor do Estado", ou que ressaltam a ignorância dos docentes porque não respondem às suas reformas, fazendo com isso um pequeno favor àqueles que não foram favorecidos como eles e elas, que tiveram a oportunidade de ser educados e de escolher o tipo de Escola que querem para seus filhos e filhas, este livro parte do princípio que a Escola continua sendo a instituição que pode possibilitar à maior parte dos cidadãos, sobretudo aos mais desfavorecidos, melhores condições de vida. Não podemos esquecer de que muitos discursos "críticos" sobre a Escola e os professores serviram a governos conservadores para reduzir os investimentos em educação, ou para defender a autonomia das Escolas como sinônimo de não lhes facilitar recursos, ou para favorecer a educação das escolas privadas frente ao ensino público.

De ensinar a globalizar a aprender para compreender

Assinalar o anteriormente dito nos leva a não esquecer o contexto da Escola e a importância que, na educação, têm os professores. Ambas as questões estão presentes, com sentido de guia, no conteúdo deste livro.

Quando comecei esta aventura em torno da mudança escolar e dos projetos de trabalho, utilizava a noção de globalização e me empenhava para que os alunos aprendessem a globalizar como uma denominação que se arraigava numa tradição educativa, vinculada, sobretudo, aos centros de interesse de Decroly, que era a experiência da qual partiam os docentes da Escola Pompeu Fabra, de Barcelona (Hernández e Ventura, 1992). Com o tempo, fui compreendendo que utilizar essa noção confundia mais do que esclarecia. A idéia de aprender a estabelecer e interpretar relações e superar os limites das disciplinas escolares continuava sendo portadora da noção de globalização. Assim como a atitude favorável à interpretação sobre o que acontece em sala de aula, à não fragmentação, ao aprender constante por parte do docente.

Mas a globalização também se confunde com a idéia de totalidade, o que a tornava um empreendimento inatingível, tanto do ponto de vista do conhecimento como da organização do currículo escolar. Além disso, durante estes anos, essa palavra foi fazendo parte do uso cotidiano, vinculada à economia (Estefanía, 1996) e à visão do pensamento único do mundo (Ramonet, 1997). Um ensino para a globalização poderia ser confundido, e assim comentaram comigo alguns colegas na América Latina, especialmente sensíveis nessas questões, pois vivem os efeitos diretos de tais formas de atuação na vida de seus países, com uma educação que promove valores economicistas, aceita a supremacia dos mercados sobre os cidadãos, dos imperativos do benefício imediato pelos do bem-estar social. Uma visão que tem como bandeira o domínio dos mais fortes (uma minoria) frente aos que não têm as mesmas possibilidades (a maioria). Uma visão que situa o público em inferioridade frente ao privado, e que produz desvio de fundos provenientes dos impostos de todos os cidadãos para iniciativas com intenção de lucro e fora de todo controle público, como acontece hoje na Espanha, onde Escolas com pretensões de formar grupos de elite, muitos dos quais não cumprem os requisitos legais de co-educação, atenção à diversidade,... recebem fundos do Estado e dos governos autonômicos, enquanto as escolas públicas não podem levar adiante a reforma educativa em toda sua extensão por falta de fundos.

Uma proposta transgressora para a educação escolar

No título deste livro aparece o termo "transgressão" como um aspecto que define a intenção da mudança da qual aqui se trata. Convém, pois, esclarecer para onde se dirige essa proposta transgressora.

Em primeiro lugar, a transgressão se dirige ao domínio da psicologia instrucional, que não deveria esquecer-se de que, em sua história, esteve vinculada e foi promovida, sobretudo a partir do setor militar dos Estados Unidos (Sancho, 1996), de onde se reduz a complexidade da instituição escolar a pacotes de conceitos, procedimentos, atitudes e valores, fazendo acreditar que essa seja a única (e a melhor) forma de organizar e planejar o ensino escolar. Esse domínio disciplinar, que não abandonou o enfoque tecnológico, reciclou-o sob a idéia motora da metáfora da mente como um computador, do que se deriva que o ensino seja concebido como eixos conceituais e construções epitômicas que são ideais para programar um sistema especializado ou para instruir pilotos de F16, mas não para dotar de sentido, interpretar e transformar a realidade. Nesse sentido, este livro pretende transgredir a visão da educação escolar baseada nos "conteúdos", apresentados como "objetos" estáveis e universais e não como realidades socialmente construídas que, por sua vez, reconstroem-se nos intercâmbios de culturas e biografias que têm lugar na sala de aula.

Em segundo lugar, pretende-se transgredir a visão da aprendizagem vinculada ao desenvolvimento e conhecida como construtivismo. Esse enfoque constituiu-se em marca registrada para que professores, livros didáticos e escolas se auto-identifiquem como "construtivistas", alcançando, com isso, uma capa de legitimação que, muitas vezes, confunde mais do que esclarece intenções educativas. Essa transgressão não se deve ao fato de que se considere que essa interpretação de alguns processos que têm a ver com a construção do conhecimento seja inadequada, e sim porque, escondendo-se nessa versão de como se produzem alguns aspectos da aprendizagem, reduz-se, simplifica-se e desvirtua-se a complexa instituição social que é a Escola. O construtivismo pouco ou nada diz sobre os intercâmbios simbólicos que se representam na sala de aula, sobre as construções sociais que o ensino intermedia, sobre os valores que o professor promove ou exclui, sobre a construção de identidades que favorece, sobre as relações de poder que a organização escolar veicula, sobre o papel dos afetos no (des)aprender, etc. Não se pode reduzir essas e outras circunstâncias da Escola a uma visão da psicologia que tenha seu interesse em sobre como os indivíduos se apropriam dos conhecimentos denominados de científicos e relacionados com as disciplinas escolares, aos quais mostra como entidades estáveis, ordenadas e compactas. Problemática que se vincula com a pesquisa sobre fragmentos desse campo de conhecimento, como a causalidade histórica ou biológica, a gênese da linguagem ou os estágios na compreensão da noção de "estilo", dos quais se derivam explicações sobre como ocorrem determinados processos de conhecimento, mas do qual não se pode inferir, por uma questão de coerência na mudança de registro e de campo, prescrições para o ensino na sala de aula.

Em terceiro lugar, procura-se transgredir a visão do currículo escolar centrada nas disciplinas, entendidas como fragmentos empacotados em compartimentos fechados, que oferecem ao aluno algumas formas de conhecimento que pouco têm a ver com os problemas dos saberes fora da Escola, que estão afastados das demandas que diferentes setores sociais propõem à instituição escolar e que têm a função, sobretudo, de manter formas de controle e de poder sindical por parte daqueles que se concebem antes como especialistas do que como educadores.

Em quarto lugar, a transgressão se dirige à Escola que desloca as necessidades de meninos e meninas e dos e das adolescentes à etapa seguinte da escolaridade, ou ao final da mesma, marcados pela idéia de que a finalidade da infância é chegar à vida adulta, de que o desenvolvimento da inteligência tem que chegar à etapa das operações formais, ou que passar no exame de ingresso à universidade deva ser o objetivo de toda a educação básica. Pretendemos transgredir essa visão da Escola que impede que os alunos se construam como sujeitos em cada época de sua vida.

Em quinto lugar, a transgressão se dirige à perda de autonomia no discurso dos docentes, à desvalorização de seus conhecimentos e à sua substituição por discursos psicológicos, antropológicos ou sociológicos que pouco respondem ao que acontece no cotidiano na sala de aula. Nesse sentido, reivindica as vozes dos docentes frente às dos especialistas e *experts*, partindo da convicção, assinalada por Stenhouse, de que as inovações ou são realizadas pelos professores ou acabam não acontecendo.

Por último, esta proposta pretende transgredir a incapacidade da Escola para repensar-se de maneira permanente, dialogar com as transformações que acontecem na sociedade, nos alunos e na própria educação. Aqui se estabelece um posicionamento a favor de que, como assinala McClintock (1993), "a educação escolar necessita ser repensada, porque as representações, os valores sociais e os saberes disciplinares estão mudando, e a Escola que hoje temos responde em boa medida a problemas e necessidades do século XIX , assim como as alternativas que se oferecem têm suas raízes no século XVII."

Este livro, em suma, é um convite à transgressão das amarras que impeçam de pensar por si mesmo, construir uma nova relação educativa baseada na colaboração na sala de aula, na Escola e com a comunidade. Na não-marginalização das formas de saber dos excluídos, na construção de um novo sentido da cidadania que favoreça a solidariedade, o valor da diversidade, o sincretismo cultural e a discrepância.

Este texto é um convite a soltar a imaginação, a paixão e o risco por explorar novos caminhos que permitam que as escolas deixem de ser formadas por compartimentos fechados, faixas horárias fragmentadas, arquipélagos de docentes e passe a converter-se em uma comunidade de aprendizagem, onde a paixão pelo conhecimento seja a divisa e a educação de melhores cidadãos o horizonte ao qual se dirigir.

Este livro conta uma história com fragmentos de outras histórias

Os diferentes capítulos deste livro não partem de zero. São fruto de uma trajetória na qual se entrecruzam muitos encontros com professores, o acompanhamento de experiências inovadoras em algumas Escolas e a reflexão que todo esse percurso me possibilitou e a oportunidade de aprender que me brindou. Algumas das inquietações, exemplos e propostas que aqui aparecem foram, em parte, publicadas em forma de artigo em ocasiões anteriores. Esse material foi reescrito, ampliado, ordenado e atualizado para esta publicação.

Dessa bagagem anterior, destacaria a relação do capítulo I com os artigos "Buscando la complexidad en el conocimiento escolar", publicado no *Kikirikí*, Cooperación Educativa, 39, pp. 32-38 (1996). As fontes do capítulo II procedem dos artigos "La clase como espacio de debate y construción cultural" (*Kikirikí*, 37, pp. 4-8, 1995), "De Ícaro a Dédalo: a transdisciplinaridade na educação escolar", publicado na revista de *Investigación en la Escuela* (32, 1997) e "Enseñar desde el reconocimiento de influencies", que será publicado em *Cuadernos de Pedagogía*. O capítulo III apóia-se em toda uma série de trabalhos entre os quais destacaria "Para comprender mejor la realidad" (em *Cuadernos de Pedagogía*, 243, pp. 48-53, 1996), "La necesidad de repensar el saber escolar (y la función de la escuela) en tiempos de mudanza" (*Aula de Innovación Educativa*, 59, pp. 75-80, 1997), "Los proyectos de trabajo y la necesidad de cambiar la escuela" (*Presencia*, no prelo) e o escrito com as companheiras do grupo Minerva, "En contra del método de proyectos" (*Cuadernos de Pedagogía*, 221, pp. 74-77, 1994). Por último, os exemplos foram tirados dos artigos publicados com Mercé de Febrer, "Las informaciones nos sirven para aprender y nos abren nuevos interrogantes. Un proyecto de trabajo en la clase de 3 años", e, com Maite Mases e Gemma Varela, "Tener salud es vivir de acuerdo con nosotros mismos. Un proyecto de trabajo en la clase de quinto de E.G.B.", ambos publicados na revista *Kikirikí* (39, 1996). O projeto *Yo aprendí qué quería decir un símbolo* aparece pela primeira vez nesta publicação. Isso porque, como o leitor e a leitora deste livro muito bem sabem, nunca se parte do zero.

CAPÍTULO I
Um mapa para iniciar um percurso

Neste capítulo inicial, pretendo oferecer ao leitor algumas das coordenadas que podem servir para realizar o percurso que se apresenta neste livro. A proposta de itinerário, que tem um inevitável caráter pessoal, torna-se indispensável para compreender (ainda que não necessariamente compartilhar) as hipóteses que guiam a concepção da educação na qual se situam os projetos de trabalho. Deixar claro que esta trajetória é mutável, feita à base de escassas fixações, pouco amante de verdades inquestionáveis, indica o tom e a intenção pretendidos, a atitude diante do conhecimento e a proposta para refletir e agir na escola que aqui se sugere.

O "lugar" de quem conta a história

> "Que saiba quem lhe fala e por que lhe fala assim, para que não seja enganado ou forçado a acreditar o que, por sua classe, sua ideologia, seu interesse ou seu capricho, não quer acreditar." Haro Tecglen *Dicionário Político*. Barcelona: Planeta, 1995, p.8.

Enfrentar, como início de um livro sobre as mudanças sociais e na educação, a complexidade do conhecimento, a aprendizagem para a compreensão e os projetos de trabalho, alguns aspectos da trajetória de quem o escreve, pode causar, de saída, surpresa pelo inusitado. Mas também pode ser tomado como uma estratégia de escrita que permita relacionar a importância da busca de um conhecimento compreensivo e relacional com um percurso pessoal, e reclamar o papel que a construção da subjetividade tem, e a qual, de maneira inevitável, deva-se recorrer para poder interpretar algumas das idéias e exemplos que aqui são apresentados. Não como um ponto de chegada, mas, sim, como um processo de busca, que tenta, ao tornar-se público, ser compartilhado.

Esse processo é o que, com nomes diferentes, preocupa, na atualidade, àqueles que consideram que se deva repensar e reinventar a Escola se quisermos oferecer possibilidades de construção da própria identidade como sujeitos históricos e como cidadãos (e não só de aprender "conteúdos") àqueles que acedem a ela. Uma construção que tem presente as relações que os indivíduos estabelecem com as diferentes experiências culturais e, em especial, com os conhecimentos que podem ter relevância para eles e elas, numa época em mudança, como a que estamos vivendo. Sem esquecer que a Escola, se reinventada, pode favorecer que as pessoas que sofrem diferentes formas de exclusão e discriminação encontrem um "lugar" a partir do qual possam escrever sua própria história.

Do que foi dito, procede a decisão de começar este livro, compartilhando o "lugar" desde o qual falo. "Lugar" que me distancia de um discurso de especialista que pretenda mostrar-se como "cientista", "objetivo" e "verdadeiro". Neste início, trato de mostrar o olhar que "projeto" sobre a realidade da qual pretendo falar, as concepções e experiências que me guiam, que são parte da subjetividade que se mostra no texto, e não as circunstâncias fortuitas ou de princípios imanentes e com caráter universal.

Minha relação com a visão transdisciplinar, com a atitude globalizadora ou com a educação para a compreensão (por enquanto, prefiro não estabelecer uma distinção que será necessária mais adiante), vinculada à Escola, começou de uma maneira "formal" há 11 anos. Assinalo esse detalhe de uma maneira formal porque reconheço então o momento em que, de forma explícita, tive a oportunidade de responder, em conseqüência de uma pergunta de um grupo de docentes a alguns dos problemas sobre os quais refletia desde 1981.

Foi então que se iniciava a pesquisa que teria como resultado a tese de doutorado sobre o contexto no qual aparece a referência à Ecologia vinculada à Psicologia (Hernández, 1985). Essa reflexão poderia ser sintetizada nos seguintes termos: "Na construção da realidade, o 'todo' é muito mais do que a soma das partes; para interpretar uma esfera da realidade, se legitimam algumas formas de saber, alguns conhecimentos, alguns indivíduos, enquanto se excluem outros; e que, se pretendemos compreender um fenômeno, não podemos fazer isto a partir de uma só disciplina ou de um único ponto de vista". Ou seja, a realidade "é" e se constitui em relação ao sistema desde o qual se define, e a visão que oferecem os diferentes sistemas ou saberes organizados, denominados desde o século XVII no Ocidente como disciplinas, não é homogênea e única ao longo do tempo, e sim está repleta de contradições, rupturas e múltiplas revisões.

Naquele momento, colaborava como formador e assessor no campo da pesquisa educativa no Instituto de Educação da Universidade de Barcelona. Era a época, no princípio dos anos 80, em que se pensava que a reforma educativa que traria a democracia espanhola e que ia ser promovida pelo Partido Socialista (que ganhou as eleições em 1982) partiria das experiências inovadoras dos professores nas escolas. A pesquisa na ação, a consideração dos professores como pesquisadores e intelectuais críticos e a noção do currículo baseada nas escolas, pensávamos alguns, podiam contribuir para a melhoria da qualidade do ensino, o desenvolvimento de um processo democrático, solidário e emancipador da educação escolar, além de possibilitar uma reconsideração da importância da função docente como mediadora de culturas e facilitadora de estratégias de interpretação dos fenômenos objeto de pesquisa por parte dos alunos e de seus professores.

Essas noções e propostas circulavam através dos nomes, entre outros, de Stenhouse, Elliot, Kemis e Freire, que se conectavam com outras vozes, como as de Freinet, Dewey, Wallon..., que haviam feito parte do imaginário pedagógico dos professores inovadores e que, hoje, parecem "esquecidas" (Martínez Bonafé, 1994) e substituídas pelo discurso construtivista e instrucional que se instalou como dominante na reforma espanhola de 1990 e que se foi estendendo em outros países da América do Sul, como Brasil, Argentina, Chile ou Uruguai (Hernández, 1997a).

Esse foi o "lugar" de partida, a circunstância na qual começou a gestar-se o caminho de busca que me leva hoje a abordar novos problemas e à necessidade de repensar a educação e a função da Escola, também em relação com as experiências vividas e as possibilidades de reflexão compartilhadas durante minha estada no Brasil como professor convidado na Universidade Federal de Minas Gerais, no quadrimestre final de 1997.

Era uma vez...

A fascinação dos contos orientais é que o narrador nos vai levando de uma história para outras que não acabam, e sim se conectam com novas histórias, produzindo uma corrente narrativa repleta de inícios, de personagens e de tramas, que depois, no final, encontram-se, ou acabam tendo algum tipo de relação entre elas. Por isso, sempre senti atração por aqueles que são capazes de manter em suspense o leitor ou o ouvinte com uma história que se entrecruza, reabre-se.... Sabe-se como começa, mas não como termina.

Tal como nessas histórias, também a que aqui se conta tem um início e, como nas histórias as quais antes referia, vai-se perfilando uma trama que pode chegar a atrair talvez ao leitor porque não se conhece seu final.

Como nessas histórias, também aqui houve um princípio. Tudo começou num bom dia, quando três professores do então denominado Ciclo Médio (da terceira a quinta série da Educação Básica) de uma Escola de Barcelona foram-me apresentados pela responsável pela formação do Primário do Instituto de Educação da Universidade de Barcelona. Depois das sondagens que preludiam uma questão que pode chegar a ser importante, apresentaram-me uma dúvida que serviu, descobri mais tarde, para canalizar algumas de minhas inquietudes daquele momento e para encontrar um sentido para uma forma de agir na Escola que sabia necessitar ser diferente, mas que não havia encontrado o lugar nem o como para tentar colocá-la em prática. Sua questão tinha a forma de pergunta, apresentada nestes termos:

> **Estamos ajudando nossos alunos a globalizar, a estabelecer relações entre as diferentes matérias, a partir do que fazemos na sala de aula?**

Tentar responder a esta pergunta nos levou a uma colaboração que durou quatro anos, nos quais questionamos algumas possíveis respostas para essa interrogação a partir de uma dupla perspectiva: a organização dos conhecimentos escolares no currículo da Escola e as concepções em torno do ensino e da aprendizagem em aula.

A partir dessa iniciativa comecei a estabelecer a vinculação entre o conhecimento escolar (organizado mediante as disciplinas ou áreas curriculares) e o que utilizam os saberes fora da Escola. Refiro-me tanto aos saberes disciplinares como aos não-disciplinares, aos saberes míticos, o de senso comum... Vislumbrei então o que fui confirmando depois: que o currículo escolar realiza um processo de alquimia transformadora e redutora com respeito aos temas e problemas abordados pelos especialistas disciplinares: historiadores, lingüistas, matemáticos, biólogos,... (Popkewitz, 1987, Freedman, 1987).

Comecei a intuir então que, na Escola, produz-se o que Berstein (1995) denomina de "processo de recontextualização", o qual consiste na descontextualização do discurso científico de sua fonte original mediante a relação, simplificação, condensação e elaboração para que se transforme num "discurso instrucional". Discurso que depois, nas escolas e nas salas de aulas, converte-se num "discurso regulador", na medida em que cria "uma ordem, uma relação e uma entidade específicas".

Essa transmutação produz um efeito que hoje, quando a educação básica vai-se tornando extensiva em muitos países para toda população na faixa entre os 3 e os 17 anos, torna-se mais notório: a irrelevância da organização do currículo acadêmico para esses estudantes que, sobretudo no ensino médio, há muito poucos anos abandonavam a Escola e hoje permanecem um longo período de suas vidas nela como "estudantes", dado que também demora sua entrada no mundo do trabalho. A partir dessa organização do currículo e para esses estudantes (que hoje são a maioria nas escolas de muitos países), os problemas que lhes interessam e as preocupações que têm sobre suas vidas não encontram resposta num currículo acadêmico, fragmentado e organizado por matérias disciplinares. Um currículo no qual a construção de sua subjetividade, a formação em habilidades básicas para responder e interpretar o mundo em mudança, onde a informação duplica a cada 10 anos, subordina-se à aprendizagem de alguns conteúdos, apresentados como entidades objetivas, estáveis, sem história e descontextualizadas.

No processo que estou tentando reconstruir, também foram objeto de atenção os diferentes significados com que os professores dotavam sua prática, particularmente com respeito a duas noções:

a) a globalização, como perspectiva que trata de explorar as relações entre os problemas objeto de pesquisa em diferentes campos de conhecimento, e

b) a importância de saber interpretar como aprendem os alunos.

O acontecimento dessa história me fez ver que essas inquietudes não surgiram como conseqüência dessa situação de contato com essa Escola, mas sim começaram a esboçar-se com anterioridade, no início dos anos 80, na Inglaterra, quando, sendo professor de castelhano em duas escolas do ensino médio, pude conhecer o trabalho por meio de *topics* (temas) que se realizava numa boa parte das escolas da Grã-Bretanha.

O que me interessou então foi comprovar que era possível organizar um currículo escolar não por disciplinas acadêmicas, mas por temas e problemas nos quais os estudantes se sentissem envolvidos, aprendessem a pesquisar (no sentido de propor-se uma pergunta problemática, procurar fontes de informação que oferecessem possíveis respostas) para depois aprender a selecioná-las, ordená-las, interpretá-las e tornar público o processo seguido.

Graças a essa experiência, aprendi, quando o governo da senhora Tatcher realizou uma reforma do sistema educativo, estabelecendo um currículo nacional para todas as escolas que substituía a possibilidade de planejar de forma autônoma o próprio currículo que até então tinha as escolas, o seguinte: como as ideologias das reformas destes últimos anos favorecem a homogeneização criando marcos curriculares mais estreitos e falsamente abertos, na medida em que introduzem a avaliação "nacional" dos conteúdos como prova de aprendizagem dos alunos. Neste contexto, o currículo por "temas" foi criticado por alguns especialistas universitários porque, diziam, simplificava e tornava rotineiro o conhecimento escolar.

Dei-me conta, então, de que essa crítica tinha a intenção de dar à opinião pública e aos docentes indecisos argumentos que servissem de apoio para orientação por disciplinas que favoreciam o novo currículo nacional, além de ser uma maneira de criar incerteza nos professores, pondo em dúvida o inadequado de sua autonomia. Além, claro está, de constatar uma observação evidente, a qual o ensino por "temas" tinha podido chegar em algumas escolas: que "muitas práticas escolares acabam sendo rotineiras, o que não tem que ser indicador de seu final, ou de sua não-validade, mas, sim, que pode ser tomado como uma chamada de atenção para sua renovação".

Essas circunstâncias constituíram um grito de alerta sobre vários fatos que depois tiveram uma importância na minha forma de agir e de interpretar os processos de reforma acontecidos nos últimos anos, assim como na minha atitude diante dos projetos de trabalho.

- Por um lado, intuí que as inovações educativas promovidas pelos professores nas escolas, quando são institucionalizadas, assimiladas e oficializadas podem chegar a cair na rotina (Hernández e Sancho, 1993, 1995).
- Também vislumbrei o que agora vejo com mais clareza: que o dia em que os projetos de trabalho acabarem por ser oficializados, convertendo-se numa prescrição administrativa, como parece que tentam algumas reformas educativas e perseguem as editoras de livros-texto, começarei a questioná-los, talvez olhe para outro lado, para evitar, com isso, que se "coisifiquem", como aconteceu com outras inovações educativas. Remeto-me, como exemplo e sem considerá-los equivalentes, ao que aconteceu com os centros de interesse de Decroly, a imprensa e a correspondência de Freinet, a educação do ponto de vista e os *cantinhos* das escolas infantis de Regio Emilia... que foram propostas como uma alternativa a outras concepções e práticas escolares e que a não-reflexão sobre o contexto em que se produziram acabou por desvirtuá-las e convertê-las numa rotina nas mãos de muitos professores.

Às voltas com o fio desta história

Mas recuperemos o fio condutor da história iniciada, no princípio dos anos 80, em uma escola pública de Barcelona. Com a bagagem de fontes e experiências indicadas, no tempo que tentávamos (com os docentes da Escola) pesquisar as concepções que guiavam sua prática (Hernández, 1986; Hernández, Carbonell e Mases, 1988), começamos a realizar propostas alternativas para a organização do currículo de aula. Alternativas que tinham como finalidade ajudar a reorganizar a compreensão por parte dos docentes e dos alunos com respeito ao que poderia constituir-se num conhecimento escolar "significativo" (o que não deve ser confundido com a noção de aprendizagem significativa verbal de Ausubel).

Em boa parte, alguns fragmentos da trajetória daqueles anos se encontram recolhidos em Hernández e Ventura (1992), que alguns interpretaram como "uma experiência" de "uma Escola", mas que, para mim, representou uma aprendizagem a partir de minha reflexão sobre questões e práticas que, com o tempo, transcenderam àquela "circunstância". Refiro-me ao papel do assessor na formação e nas inovações educativas que realizam os docentes e as possibilidades que se abrem da colaboração na Escola; a importância de divulgar as inovações para aprender a partir dos pontos de vista dos outros; o questionamento do processo de reforma e a fundamentação psicopedagógica do currículo, entre outras razões, porque a pressão por dominar e adaptar-se a um jargão, por parte dos professores, acaba substituindo sua dedicação à inovação do currículo em suas escolas, tornando-os, além disso, dependentes daqueles que "dominam" essa linguagem...; a idéia já reiterada de que a função da Escola não é só transmitir "conteúdos", mas também facilitar a construção da subjetividade para as crianças e adolescentes que se socorrem nela, de maneira que tenham estratégias e recursos para interpretar o mundo no qual vivem e chegar a escrever sua própria história. Além do interesse pela globalização e pelo currículo integrado na Escola e, agora, pelo ensino para a compreensão.

Quem estiver interessado em outros aspectos do que aconteceu nessa Escola, pode encontrar uma reconstrução retrospectiva (e a partir de) de parte do processo seguido em Sancho, Hernández *et al.* (1997). Essa reconstrução tem forma de coro de vozes de professores, familiares, alunos e ex-alunos em torno do que, para eles e elas, representou essa experiência de inovação.

De toda essa série de vivências derivadas daquela oportunidade de aprendizagem, talvez o que tenha tido mais eco (em parte, por isso a escrita deste livro) foi que essa circunstância nos permitiu organizar o currículo da Escola mediante projetos de trabalho. O que significava não só ensinar mediante projetos, mas também abordar as áreas disciplinares do currículo como projetos. Como escrevi em outro lugar (Hernández, 1996), a escolha dessa denominação, em 1986, numa Escola que tinha uma rica experiência no desenvolvimento do currículo por matérias e centros de interesse, não foi casual. Vou me referir a essa origem com um pouco mais de detalhes.

A importância dos nomes

A proposta de projetos de trabalho, além de conectar-se com uma tradição educativa que tratava de vincular o que se aprende na Escola com as preocupações dos alunos, as questões controversas (que refletem que não existe "uma" ou "a" interpretação dos fenômenos"), os problemas que estabelece a "realidade" fora da Escola e de fazer com que os alunos chegassem a ser os protagonistas da aprendizagem (e não o poder regulador do professor) tinha presente a utilização que, em diferentes campos profissionais, fazia-se desse termo.

Refiro-me ao uso que arquitetos, *designers*, artistas... fazem de "projeto", como um procedimento de trabalho que diz respeito ao processo de dar forma a uma idéia que está no horizonte, mas que admite modificações, está em diálogo permanente com o contexto, com as circunstâncias e com os indivíduos que, de uma maneira ou outra, vão contribuir para esse processo. Tornava-se também atraente pela confluência de campos disciplinares que se produzem para que um "projeto" se realize, e a idéia de colaboração que implica. Além das possibilidades de estabelecer conexões, gerar transformações, explorar caminhos alternativos, dialogar com outros "projetos" que brindam práticas profissionais vinculadas a essa noção.

O complemento "de trabalho" era uma reação ao sentido da aprendizagem derivada de algumas versões da Escola Nova e do ensino ativo, que o mostravam como algo fácil, baseado no "deixar fazer" ao menino e à menina. Tratava de opor-se ao espontaneísmo e à idéia de uma educação que tinha que favorecer uma noção de criatividade considerada como processo prazeroso e libertador. A noção de "trabalho" queria questionar a aprendizagem só por descobrimento e a partir do próximo (entenda-se do que o menino e a menina "gostam") e estava a favor da idéia de aprender a conhecer, aprender a fazer, aprender a ser e aprender a compreender com e do outro que hoje a UNESCO assinala como finalidades da Escola.

Tudo dito anteriormente ressalta que, em nenhum momento, os projetos de trabalho se apresentaram como uma recuperação de uma maneira de organizar os conhecimentos escolares que autores como Kilpatrick abordaram no início do século nos Estados Unidos. Nem supunha uma volta para algumas experiências educativas inovadoras realizadas por volta da Segunda República em algumas partes da Espanha (Sainz, 1931; Maratí, 1934).

É bem verdade que alguns dos princípios educativos desse movimento, tais como interessar o aluno no trabalho escolar, ensinar-lhe questões substanciais e conectar-se com o mundo fora da Escola, continuavam presentes como referências que orientavam a visão dos projetos que começávamos a propor. Como também o estavam algumas das idéias e propostas desenvolvidas por Bruner, nos anos 60, como a noção de currículo em espiral (exemplificado no projeto sobre o "homem"), a importância da aprendizagem conceitual ou a organização do currículo a partir das estruturas fundamentais das disciplinas, assim como as propostas de Stenhouse (1970) sobre o ensino para a compreensão de temas controversos e refletida no currículo de Humanidades.

Todas essas referências estavam presentes (e continuam estando, sobretudo as que se derivam de projeto e da concepção da Escola, sua noção de currículo de processo e a idéia de docente como pesquisador, de Stenhouse), mas o que pretendíamos não era uma recuperação ou levar adiante uma atividade de síntese de diversas expressões de todas essas propostas. O que não impedia que reconhecêssemos que, tanto em Educação quanto em qualquer campo de conhecimento, não se parte do zero, e é necessário considerar o "lugar" de onde viemos, as idéias e as experiências que reconhecemos que nos influenciam. Mas não para copiá-las, mas sim para reinterpretá-las. Não para produzir um amálgama eclético (e com freqüência contraditório), mas uma reinterpretação substantiva, pois nada pode continuar sendo como foi em seus dias. O intérprete sempre se situa em outro ponto de vista, olha a partir de outro "lugar", incorpora novos olhares com os quais transforma as situações objeto de seu interesse.

Em nosso caso, a relação com o mundo e o consigo mesmo das crianças e adolescentes, os valores na sociedade da informação e da comunicação, os conhecimentos derivados da pesquisa e da reflexão sobre a Escola e sua função, as problemáticas que abordam os campos do saber, são diferentes na atualidade das que se produziam há 20, 40 ou 60 anos. Tais diferenças nos exigiam releituras críticas e interpretações alternativas diferentes das experiências e dos autores assinalados, no momento de definir e organizar o conhecimento numa realidade social e escolar, que, mais do que nunca, aparecia em processo de mudança.

Desse ponto de vista diferente era necessário levar em conta, pelo menos, os seguintes aspectos:

- Algumas idéias educativas e alguns conhecimentos psicopedagógicos que destacavam a importância dos saberes e das experiências prévias e os processos dos alunos que assinalam o papel da transferência e da compreensão como indicadores de aprendizagem.
- A relação entre o currículo escolar e os problemas reais que são apresentados pelas disciplinas fora da Escola, nas Ciências, nas Humanidades, ou nas Artes e nesses campos que não "entram" na seleção do currículo escolar, mas que permitem interpretar e abordar "espaços" de conhecimento transdisciplinares e criar novos objetos de estudo. Campos relacionados com a construção da subjetividade, o estudo das transformações na sociedade e na natureza...
- O papel do diálogo pedagógico, da pesquisa e da crítica como atitude dirigida a favorecer a aprendizagem na aula, junto à postura ideológica de que a função da Escola não é encher a cabeça dos alunos de conteúdos, mas, sim, contribuir para formá-los para

a cidadania e oferecer-lhes, como já se indicou, elementos para que tenham possibilidades de construir sua própria história, diante da que vem determinada por sua condição de gênero, etnia, classe social ou situação econômica.
- A tentativa de procurar e organizar com os professores uma Educação para a compreensão que, naquele momento, queria dizer favorecer uma atitude globalizadora, que vinculasse a construção da subjetividade (dos docentes e dos alunos) com as interpretações do "mundo" oferecidas pelas áreas disciplinares, ou pelos temas e problemas em torno dos quais se organize o currículo.

Examinar alguns desses aspectos ou fontes de referência constitui o objetivo prioritário deste capítulo. Com isso, trato de situar algumas das idéias e experiências que nos serviram de guia para, junto ao trabalho com os docentes em aula, ir introduzindo alternativas do próprio saber escolar. Percurso que há de nos levar a contextualizar e esboçar o perfil que pode adotar a noção de globalização primeiramente, e, agora, de ensino para a compreensão, em relação com as diferentes culturas que convivem na Escola. Mas, também, para manifestar que não posso fazer referência aos projetos de trabalho sem mostrar as idéias, propostas e experiências que deram sentido à versão que deu essa concepção da educação que se mostra neste livro.

Uma versão que não é fixa e que, como apreciará o leitor inteligente e atento, difere daquela que conceitualizamos e colocamos em prática há 15 anos. Por isso, pode ser importante reconstruir alguns dos sinais sobre o contexto histórico (dos conhecimentos e sobre a Escola) e a partir dele aprendemos (junto com outros docentes, formadores e alunos) durante esse tempo.

O valor da indagação crítica como estratégia de conhecimento

A pesquisa na ação, como estratégia que permite melhorar o conhecimento de situações-problema e introduzir decisões para a mudança que melhore a prática, era, e é, um olhar que, além das modas e revisões, está presente na maneira de enfrentar algumas das situações que se produzem na Escola. A pesquisa-ação foi, em seu momento e para alguns de nós, a porta de entrada para outras práticas escolares na qual se abriam passagem favorecidas pelo que então aparecia como uma reforma de baixo para cima, incentivada pelo ministro espanhol da Educação, Maravall, e inspirada nas idéias de Stenhouse (1984), e em alguns dos princípios do desenvolvimento do currículo nas Escolas, pelos docentes (Hernández e Sancho, 1995).

A principal contribuição da pesquisa-ação ao enfoque que então pretendíamos que fosse globalizador e que concretizávamos nos projetos de trabalho foi incorporar à aula a indagação sobre os problemas reais. Ou seja, próximos às preocupações e às idéias (não necessariamente os interesses) dos alunos, seja porque surgem no contexto da sala de aula (tomado no amplo sentido, e não como o entorno imediato, como se propugnava em algumas propostas educativas de então, que defendiam a idéia da Escola "enraizada no meio"), seja porque o professor os apresenta como um membro qualificado do grupo. Nesse sentido, assumia-se, como assinala Kincheloe (1993), que o melhor caminho para ensinar alguém a pensar (a aprender compreensivamente) é mediante a pesquisa, observando o contexto social do qual os estudantes procedem e as vias, estratégias ou percursos que possam tomar no momento de buscar versões dos fatos que lhes permitam interpretar a realidade.

Tornar pública essa indagação, ou seja, compartilhá-la com os membros da coletividade da Escola (e da comunidade) mediante painéis, murais, conferências, debates, intercâmbios ou publicações, configurou o primeiro eixo inspirador dos projetos, partindo de uma reinterpretação da pesquisa na ação que ia além de uma prática apropriada pelos professores universitários (ver o que diz John Elliot sobre esse tema em Hernández e Sancho, 1989) e que se inscrevia, por um efeito onda, na corrente crítica de indagação-compreensão-transformação da realidade escolar e social. Essa corrente crítica, então presente em muitos docentes, torna-se hoje mais necessária, diante da realidade do pensamento único na sociedade determinada pelos valores do mercado especulativo, e na Escola, pela onipresença do enfoque construtivista da aprendizagem e da Psicologia instrucional que dá ênfase à programação dos conteúdos das disciplinas como se fossem entidades estáveis, e não constituídas por significados e interações.

Aprender para compreender e agir

Outro componente fundamental nessa trajetória foi a noção de Educação para a compreensão, no sentido apontado por Stenhouse (1970; 1984) e desenvolvida por Elliot (1985). Essa concepção com sua prática pode, em princípio, parecer uma coisa óbvia, posto que sua formulação básica leva em conta o princípio proposto por Dewey de que se não se compreende o que se aprende, não há uma "boa" aprendizagem. Mas, durante muito tempo, acreditava-se que, para aprender, fosse indispensável fazê-lo por intermédio de uma estratégia de repetição do aluno e do professor. Este último, por sua vez, tinha que fazer o que lhe diziam os especialistas. A finalidade desse processo era a memorização do que o docente ditava, escrevia no quadro-negro ou do que estava contido nos livros-texto.

A educação para a compreensão, pelo contrário, organiza-se a partir de dois eixos que se relacionam:
- como se supõe que os alunos aprendem e
- a vinculação que esse processo de aprendizagem e a experiência da Escola têm em sua vida.

Dessa perspectiva, a finalidade da educação escolar não é, como assinalei no prólogo, preparar para o futuro (um dos grandes mitos coercitivos e culpabilizadores que surge da modernidade). Metáfora vinculada à idéia de progresso e à noção de desenvolvimento apresentada pela Psicologia, que favorece uma cadeia perversa. Aos docentes da Escola infantil se responsabiliza pelo que aconteça no Ensino Fundamental; aqueles que ensinam neste período deverão olhar para o Médio, estes para o bacharelado* ou para os módulos profissionais e aqueles que ensinam nesse ciclo deverão preparar o alunado para a universidade ou para o mundo do trabalho.

Dessa maneira, ninguém olha para o presente do aluno e não se leva em conta a experiência e as necessidades que têm, em cada período, os meninos, as meninas, as crianças, e, sim, se lhes desloca (com as correspondentes tensões e controles) para um futuro que, em princípio, é mutável, que ninguém sabe como será, e é, por isso, em boa parte, imprevisível. Sobretudo se levarmos em conta, como assinalava Giordan, numa entrevista ao jornal *Liberation*, que 90% do que os estudantes que hoje estão na primeira série do Ensino Fundamental necessitarão quando terminarem o ensino básico (em 10 anos) ainda não se produziu.

Por isso, o que os alunos aprendem não se pode organizar a partir de temários decididos por um grupo de especialistas disciplinares (ou em transversalidade), mas, sim, a partir de conceitos ou idéias-chave (que o são por problemáticas, porque não apresentam uma resposta única) que vão além das matérias escolares e que permitem explorá-las para aprender a descobrir relações, interrogar-se sobre os significados das interpretações dos fatos e continuar aprendendo. Isso faz com que as disciplinas escolares não sejam um porto de chegada, mas uma referência, um farol que assinala uma costa para orientar-se numa exploração mais ampla e incerta.

Algum leitor pode vislumbrar a distância uma certa relação dessa visão da aprendizagem com a noção de currículo em espiral de Bruner: qualquer matéria pode ser ensinada a qualquer aluno de qualquer idade se lhe for apresentada de maneira adequada. A partir da escolha dessas idéias-chave e mediante sua progressão em espiral, os conhecimentos vão-se tornando complexos. O que vai mudando é a maneira de abordar

---

* N. de R.T. Etapa da escolarização do sistema de ensino espanhol que se situa entre o Ensino Médio e Universidade.

as idéias-chave no seu "conteúdo": a transformação, a mudança, a vida, a causalidade...

Hoje sabemos que alguns problemas que essa visão do currículo dava por hipóteses ou que clarificava, como, por exemplo, que muitas idéias-chave (ou estruturas) não podem ser representadas em forma simples, para que os menores as aprendam e compreendam, sem uma base organizada de conhecimentos. Que muitas das idéias-chave nas disciplinas da proposta de Bruner se organizaram a partir das Ciências da Natureza, sem levar em conta as diferenças epistemológicas, históricas e sociológicas entre as disciplinas. Além disso, com freqüência, se confundiu a aprendizagem escolar com o desenvolvimento (o que voltou a acontecer nas atuais reformas curriculares) e ambas, com o conhecimento que se apresenta na Escola. Mas, sobretudo, a visão de Bruner não explicava por que muitas vezes não se aprende ou se produzem interpretações inadequadas, ou custa tanto transferir de uma circunstância a outra um conhecimento que "parece" aprendido (Efland, 1997; Hernández, 1996).

Apesar do atrativo da proposta de Bruner de um currículo em espiral e da potência de sua noção de estrutura de aprendizagem, a intuição dos problemas anteriores nos leva a recorrer e explorar outros caminhos, levando em conta não só o que sabemos a partir da psicologia, mas sim a partir das contribuições sobre a construção social do conhecimento vinculada à educação escolar.

Questionar as representações "únicas" da realidade

A terceira idéia que dá sentido à educação para a compreensão é a que se propõe em termos de que aquilo que se aprende deva ter relação com a vida dos alunos e dos professores, ou seja, deva ser interessante para eles. O que não quer dizer, como a tradição da Escola ativa preconizou, "partir dos interesses dos alunos" e muito menos do que "gostariam de estudar ou saber". Seguir esse caminho ao pé da letra significaria reduzir suas possibilidades como apêndices, limitar suas ulteriores aprendizagens do que "não sabem" que lhes possa interessar, e a contextualização do que conhecem de maneira parcial ou fragmentária.

Essa concepção supõe que a educação escolar possa possibilitar a aquisição de estratégias de conhecimento que permitam ir além do mundo tal como estamos acostumados a representá-lo, por meio de códigos lingüísticos e sinais culturais estabelecidos e "dados" pelas matérias escolares e pela bagagem outorgarda pelo grupo social ao qual pertence. Essa visão do conhecimento é uma forma de teoria ou ideologia para interpretar a realidade, que se encontra limitada, em boa parte, pela persistência do currículo acadêmico organizado por disciplinas como única forma possível de levar adiante o ensino. Uma aproximação à história do currículo e às matérias que o integram revela que a escolha do que deve ser ensinado na Escola respondeu a decisões explicáveis por circunstâncias históricas, e não devidos à "essencialidade" ou ao caráter fundamental de determinadas matérias disciplinares (Hargreaves, Earl e Ryan, 1996).

Partindo dessa perspectiva, uma tarefa fundamental do currículo escolar consistiria na proposta de questões do tipo: Como se produziu esse fenômeno? Qual é a origem dessa prática? Sempre foi assim? Como o percebiam as pessoas de outras épocas e lugares? Consideravam-nos tal como nós? Como se explicam essas mudanças? Por que se considera uma determinada visão como natural? Por que se excluem outras interpretações? Como esse fenômeno afeta nossas vidas e as de outras pessoas? A partir dessas e de outras perguntas, procuraria buscar-se, com os alunos, fontes diversas que apresentem respostas que sejam reflexo de como o conhecimento não é estável e que a realidade se "fixa" em função das interpretações que se produzem em cada momento.

Com isso, a cultura escolar adquire a função de refazer e de renomear o mundo e de ensinar os alunos a interpretar os significados mutáveis com que os indivíduos das diferentes culturas e tempos históricos dotam a realidade de sentido. Ao mesmo tempo que lhes abre as portas para compreender suas concepções e as de quem os rodeiam.

Essa tarefa vem acompanhada pelo questionamento da idéia da "verdade" e da "objetividade" e das visões unilaterais que impõem um único ponto de vista como interpretação de um fenômeno. Gergen (1992) recolhe uma série de argumentos e referências que apoiam uma visão do conhecimento baseado num certo relativismo derivado de algumas mudanças na concepção do que pode constituir a "identidade" dos fenômenos e dos indivíduos, com respeito a como foram constituídos pelas formas de racionalidade produzidas pela modernidade.

A partir dessa perspectiva, o ensino da interpretação seria a parte central de um currículo que adota um enfoque para a compreensão, onde se tenta enfrentar o duplo desafio de ensinar os alunos a compreender as interpretações sobre os fenômenos da realidade, a tratar de compreender os "lugares" desde os quais se constróem e assim "compreender a si mesmos". Como assinala Kincheloe, isso acontece quando estamos interessados em conhecer e situar diferentes interpretações da realidade, as origens dos fatos e os fenômenos que estudamos na sala de aula na Escola. Num segundo momento, seriam exploradas as "forças" que criaram essas interpretações. O que nos pode levar a uma grande conversação cultural, que consistiria o eixo central de um currículo para a compreensão, baseado em como se foram criando os significados e os olhares sobre os fenômenos e em como essas visões influem na cultura e nas vidas das pessoas.

Com tudo isso, o que se pretende é ampliar o que Gadamer (1976) denomina o "horizonte de conhecimento", que, no contexto da Escola, seria tanto dos alunos quanto dos professores. Processo que pode ser realizado, como ilustram diferentes exemplos que aparecem neste livro, a qualquer idade e com pessoas de diferentes tipos de bagagem e experiência. Só é necessário que tenham disposição para aprender. Algo que a maioria dos meninos e meninas possuem. O conhecimento-base, a organização de referências das quais se parte, pode facilitar que esse "horizonte" se amplie, mas não parece, ao menos como mostram os casos que recolhemos nos capítulos finais, que seja uma condição indispensável para começar a estabelecer relações ou ter interesse em aprender. Que para continuar aprendendo é necessário um conhecimento prévio é indubitável, mas sua natureza não tem que ser apenas acadêmica, também pode ser de senso comum, fruto da experiência cotidiana ou relacionado com outros conhecimentos organizados não necessariamente "científicos". Um menino ou uma menina brasileira, que viveu numa época de hiperinflação, ou na situação atual na qual dominam os "pagamentos a prazo" e "os juros bancários e do comércio", pode entender noções da economia (que "vive" diariamente) e da matemática (porcentagens, regras de três, juros simples e compostos...) sem ter "conhecimentos organizados" dessas disciplinas.

Isso nos leva a considerar que a forma de aproximar-nos do conhecimento escolar da qual aqui se trata não nos "fixa" em verdades sagradas, universais e estáveis, e sim nos situa na tentativa de encontrar o que há por trás do que parece natural e nos coloca numa atitude de incerteza frente ao papel que as diferentes linguagens que se refletem nos saberes, nas disciplinas, nas matérias,... representam nesse processo de dar sentido à realidade. De certa forma, estamos colocando os estudantes, desde muito jovens, numa posição próxima a um certo relativismo (Lynch, 1995), que lhes sirva de vacina diante das visões fundamentalistas de um e outro signo que tratam de impor-se como formas legítimas e verdadeiras de interpretação da realidade. Daí vem o interesse de não esquecer o que Sotelo (1994) nos recorda: "o que caracteriza qualquer tipo de fundamentalismo é reduzir a enorme complexidade do mundo a uma proposta simples, que teria o dom de resolver todos os problemas que nós, humanos, temos apresentado". Nesse sentido, algumas aproximações curriculares centradas nas didáticas disciplinares podem chegar a cair num certo fundamentalismo, na medida em que excluem outras possibilidades de organizar o ensino e de representar o conhecimento na Escola.

Além do reducionismo psicológico e disciplinar

Mas essa posição interpretativa e relativista, sendo alternativa, requer uma revisão que fundamente a argumentação sobre o sentido dominante do saber na cultura ocidental e sobre o conhecimento consagrado como válido e único, o que nos permitirá explicar o sentido de algumas concepções consideradas como inquestionáveis e imutáveis sobre a organização do currículo desde um enfoque acadêmico e centrado nas disciplinas que se apresentam com caráter "eterno", "sagrado" e inquestionável.

Descartes, na ante-sala dos racionalistas e dos cientifistas, abriu caminho para uma concepção do conhecimento que devia basear-se nas evidências empíricas e em sua simbolização matemática para considerar-se como verdadeiro. A influência desse tipo de pensamento, que consagra a racionalidade das Ciências Naturais, que emergem nos finais do século XVII como a única forma de racionalidade válida para ter acesso à verdade, é fundamental para compreender o sentido do conhecimento "socialmente válido" para a Escola e a exclusão de outras formas de racionalidade vinculada a outro tipo de saberes "não científicos".

Nessa mesma linha de influências, pensar e aprender, partindo da perspectiva dos psicólogos instrucionalistas, têm lugar mediante o seguimento de uma série de procedimentos pautados, processos objetiváveis e a assimilação de alguns conteúdos predeterminados. Os atos de aprendizagem se definem de maneira operacional e se separam em unidades: primeiro, aprendem-se os símbolos da química, depois seu lugar na tabela dos elementos, e assim até a realização de experiências.

Desse ponto de vista, torna-se desordenado e cientificamente impróprio pensar em termos de onde se utiliza a química em nossa vidas, ou que implicações tem o uso dos produtos químicos, ou como os meios de comunicação apresentam os conhecimentos desse campo de saberes, antes de usar essas bases disciplinares.

Essa concepção do ensino tem êxito (no próximo capítulo, voltaremos a falar nisso), porque facilita o desenvolvimento de materiais e a formação dos professores. É mais fácil escrever um livro baseado em formas fragmentárias de conhecimento, mas sob o rótulo de "rigor científico", ou avaliar o aprendido mediante uma prova de respostas múltiplas, a aplicação de um algoritmo, ou a contestação a uma pergunta cuja resposta (única e verdadeira) já tem o docente ou o livro, do que desenvolver materiais que ajudem a conectar a experiência individual dos estudantes com os conceitos e problemas da pesquisa nas disciplinas, e desses com suas vidas.

Da mesma maneira, é mais fácil formar um professor para seguir alguns passos específicos, predefinidos e estáveis de um planejamento curricular do que animá-lo a refletir sobre os pontos de interação entre a experiência dos estudantes e as evidências (com freqüência contraditórias, sempre em processo de mudança) de uma disciplina ou de um problema de pesquisa.

Mas as coisas são assim e resistem à mudança porque essa "gramática curricular", como assinalam Hargreaves, Earl e Ryan (1996), permite organizar as Escolas em compartimentos estanques chamados departamentos; reafirma a identidade dos docentes vinculando-a a uma disciplina; reduz seu esforço, porque lhes permite ensinar o que aprenderam em sua licenciatura universitária; favorece o controle dos alunos que se encontram movimentando-se de uma matéria a outra sem encontrar relações entre elas e com suas próprias vidas; permite uma estruturação do tempo e do espaço que lembra a que nos oferece uma programação de televisão; possibilita o negócio dos livros-texto,...

Contudo, nem sempre foi assim, e as inovações propostas por alguns dos autores citados (Dewey, Kilpatrick, Bruner) e outros, como Parkhust, Stenhouse ou Taba, assinalaram com êxito outros rumos, mas não se generalizaram porque questionavam a "gramática curricular" da organização disciplinar. E já se sabe o que custa mudar a "gramática", uma vez que tenha sido adotada. Apesar disso, há "gramáticas" que se transformam, simplificam ou desaparecem. O mesmo pode acontecer com essa organização do currículo, mas, por enquanto, continuará sendo um dos bastiões que freiarão a possibilidade de abordar a mudança na organização do conhecimento e a gestão do tempo e do espaço na Escola.

Mudar a organização do espaço e do tempo escolar

Assim, pois, desde o contraste de fontes e de referências, da proposta de problemas, da exploração de contradições, pode-se ir construindo o conhecimento na Escola, pelo diálogo pedagógico, de debates, ações e intercâmbios no espaço escolar, não necessariamente na aula, e fora dela. Nesse sentido, uma das propostas deste livro é o convite para "romper" a classe e a organização da Escola por grupos de nível ou de idade, com um professor como única fonte para ampliar o horizonte de conhecimento.

Hoje, algumas escolas organizam o currículo por projetos e a atividade docente de maneira diversificada, onde os alunos se agrupam a partir dos temas ou problemas que vão pesquisar, e não por questões de nível ou de idade (Sancho, 1994). O tempo se planeja em termos de períodos de trabalho, no início de uma semana ou de uma quinzena. Nessas escolas, o que importa é que cada aluno vá aprendendo a organizar e orientar seu processo de aprendizagem em colaboração com o professor e com os outros alunos. Em Salgueiro (1998), pode ser encontrado um exemplo de como uma professora de quinta série do

Ensino Fundamental organiza o tempo de maneira flexível com um grupo de estudantes, a partir de um plano de trabalho individual e coletivo semanal, em que se destina aos projetos, inicialmente, seis horas.

Essas escolas não se organizam a partir da estrutura de aulas fechadas, e sim de "espaços de trabalho". Os professores orientam e ajudam a aprofundar determinados aspectos da aprendizagem que os alunos realizam. Nesse contexto, a biblioteca tem a função de centro de recursos e constitui a parte "nuclear" de uma comunidade educativa, onde a participação dos que vêm de "fora" da Escola tem um papel primordial. Uma organização desse tipo, uma gestão do espaço e do tempo assim proposta, supõe revisar a influência da modernidade sobre a Escola, sobretudo a que estabelece como sua função prioritária ensinar "o essencial" de algumas disciplinas transformadas em matérias escolares. Parece ser necessário revisar e questionar essa tradição, quando sabemos que a consideração do que é "essencial" se constitui também a partir de relações de oportunidade e de poder.

A Escola como geradora de cultura e não só de aprendizagem de conteúdos

Esse perfil que se vai desenhando sobre o ensino para a compreensão assume uma posição relativista nem débil nem trivial que nos leva a sustentar, por exemplo, frente à idéia da seqüencialidade e da organização dos conteúdos, que há muitas vias para o pensamento complexo, assim como há muitos tipos de pensadores complexos que organizam a realidade de maneira válida para compreendê-la e que não são necessariamente excludentes. Também nos conduz a considerar a sala de aula como um cenário com uma cultura própria (mas não única). Cultura que se vai definindo mediante as diferentes formas do discurso que se desenvolvem e se encenam nas situações de aula.

Nesse contexto, o interesse e a paixão aparecem como duas virtudes fundamentais, e o desenvolvimento racional se contempla como um aspecto do pensamento, mas não como a "única" forma de conceitualizar e interpretar a realidade. Os problemas para aprender e pensar não são considerados como produto de certas aptidões e de inescrutáveis processos cognitivos, e sim como complexas interações entre personalidades, interesses, contextos sociais e culturais e experiências de vida. Leva-nos também a reconhecer a complexidade conceitual e vital dos alunos (desde os primeiros anos) e das situações de aprendizagem que vivem dentro e fora da Escola. Tudo isso pode servir de antídoto diante do reducionismo da pedagogia cartesiana que continua dominando boa parte de nossa cultura educativa, sobretudo no Ensino Médio.

Como assinalei em outro momento (Hernández, 1997c), essa visão destaca, por exemplo, a importância de ensinar a reconhecer as influências mútuas entre as diferentes culturas, a presença das representações de umas e outras em diversas formas de conhecimento (filosófico, derivado da construção da identidade, ...), nas artes (das formas de representação, da utilização dos símbolos e procedimentos), nas ciências (desde o cálculo até a explicação das leis da natureza) e nas crenças (na influência entre as visões religiosas) na construção da realidade.

Daí vem o fato de que a idéia de identidade cultural seja sempre mais complexa do que seu reducionismo vinculado a uma nação, um território, uma religião, uma língua ou uma etnia. Reconhecer e compreender a sabedoria que procede de gente de todos os lugares foi a atitude que predominou, desde o tempo dos egípcios, em todos os homens e mulheres que tiveram como paixão o conhecimento, e a eqüidade como guia de suas vidas. O que constitui um desafio para repensar a Escola, um desafio em que, para abordá-lo, poderia levar-se em conta uma perspectiva relacional do saber que supõe ensinar a:

a) Questionar toda forma de pensamento único, o que significa introduzir a suspeita sobre as representações da realidade baseada em verdades estáveis e objetivas.

b) Reconhecer, diante de qualquer fenômeno que se estude, as concepções que o regem, as versões da realidade que representam e as representações que tratam de influir em e desde elas.

c) Incorporar uma visão crítica que leve a perguntar-se a quem beneficia essa visão dos fatos e a quem marginaliza...

d) Introduzir, diante do estudo de qualquer fenômeno, opiniões diferenciadas, de maneira que o aluno comprove que a realidade se constrói desde pontos de vista diferentes, e que alguns se impõem frente a outros nem sempre pela força dos argumentos, e sim pelo poder de quem os estabelece.

e) Colocar-se na perspectiva de um "certo relativismo" (Lynch, 1995) no sentido de que toda a realidade responde a uma interpretação, e que as interpretações não são inocentes, objetivas e nem científicas, e sim interessadas, pois amparam e mediam visões do mundo e da realidade que estão conectadas a interesses que quase sempre têm a ver com a estabilidade de um *status quo* e com a hegemonia de certos grupos.

Todas essas estratégias nos colocam hoje numa situação similar à que viveram os Helenistas do século IV, que estavam influenciados pela sabedoria do Egito, pela filosofia da Grécia, pelas leis de Roma, pelo refinamento da Pérsia e pelo sincretismo do Cristianismo. Nós também estamos repletos de influências. A Escola hoje se movimenta no dilema (que é um dilema social) entre ensinar novos valores sobre a identidade cultural, alguns baseados no próximo e imediato, na identidade vinculada ao território e à língua; outros baseados na identificação dos discursos que defendem posturas e privilégios, que favorecem a alguns contra outros, que revelam que a realidade sempre é mestiça e que aqueles que o negam ou reprimem o fazem para tirar benefícios (econômicos e de poder) às custas dos sentimentos de alguns frente a outros.

Globalização, interdisciplinaridade, transdisciplinaridade? Aprender a compreender e interpretar a realidade

Quando comecei essa aventura em relação aos projetos de trabalho, utilizava a noção de globalização como fio condutor e nós empenhávamos em que os alunos aprendessem a globalizar. Sobretudo porque essa denominação tinha raiz numa tradição educativa, vinculada aos centros de interesse de Decroly, que era a experiência da qual partiam os docentes da Escola onde iniciamos essa trajetória de inovação (Hernández e Ventura, 1992).

Durante anos, nos quais fui compartilhando com professores de todos os níveis educativos e com assessores pedagógicos questões relacionadas com a interdisciplinaridade e a globalização, constatei que não se referem a essa noção de maneira unívoca. E isso é um reflexo do que acontece entre os filósofos, cientistas, psicólogos cognitivos, pedagogos e os especialistas curriculares. Quando se fala de globalização, faz-se do ponto de vista e de perspectivas diferentes, mas o eixo comum é a busca de relações entre as disciplinas no momento de enfrentar temas de estudo. O elemento de discussão, o fator discrepante, é o caráter e o valor que se dá a essa busca de relações e, sobretudo, o papel que deva ocupar no currículo escolar: vinculado aos conteúdos oficiais, relacionado com as disciplinas escolares, de maneira autônoma e a partir de problemas de pesquisa, desde a estruturação de atividades,...

Por isso, e sem perder de vista a importância dos nomes (globalização não é o mesmo que interdisciplinaridade) e do percurso até agora apresentado, chega-se à conclusão de que a noção (e a prática) de globalização se situa pelo menos em torno de três eixos:

a) Como forma de sabedoria, como um sentido do conhecimento que se baseia na busca de relações que ajude a compreender o mundo no qual vivemos a partir de uma dimensão de complexidade.

b) Como referência epistemológica que restabelece "o pensamento atual como problema antropológico e histórico chave" (Morin, 1993; p. 72), o que leva a abordar e pesquisar problemas que vão além da compartimentação disciplinar.

c) Como concepção do currículo que adota formas tão díspares como a que coloca a globalização na seqüência de programação desde a qual se podem relacionar conteúdos conceituais, procedimentais e atitudinais

(Zabala, 1995), como propõem as atuais reformas de países como o Brasil e a Espanha; passando por diferentes propostas de currículo integrado, desde Kilpatrick até Stenhouse; ou no enfoque que aqui se estabelece, partindo da educação para a compreensão por meio dos projetos de trabalho.

Para esclarecer essas perspectivas com respeito à globalização, vou enunciar algumas referências e exemplos sobre cada uma dessas denominações.

A atitude globalizadora como forma de sabedoria

> "– O que é sabedoria?
> – A sabedoria... talvez alguém pudesse caracterizar a sabedoria num sentido geral, como uma consciência compreensiva capaz de perceber as relações, as conexões que existem entre as coisas. E, no contexto budista, a sabedoria é um estado de conhecimento pelo qual se é capaz de ver, ao mesmo tempo, a substancialidade das coisas e o nexo com que estão unidas, isso é, a dinâmica da existência. É contemplar os dois lados ao mesmo tempo, é uma perspectiva mais totalizadora, mais completa."
> Dalai Lama à Rosa Montero no *El País Semanal* (22 de janeiro de 1995)

Em 3 de agosto de 1996, a revista *L'Express*, em número dedicado ao que não sabemos, se perguntava, ao pé de uma série de ilustrações: o que é que une uma nebulosa do sistema solar, Sófocles, um festival nos Estados Unidos e a fecundação *in vitro*? E respondia: o saber acumulado. O exemplo e a relação me atraíram desde o momento em que os vi, pois se estabelecia a ponte entre duas questões que estão presentes em todo este livro: a relação entre o saber acumulado e a necessidade de aprender a estabelecer relações.

Em algum curso de formação, utilizei essas quatro imagens e convidei os participantes a estabelecerem relações. Surgem então outras conexões diferentes das que o jornalista de *L'Express* apontava. O afã de busca, a natureza humana, o conhecimento,... Algo similar acontece quando apresento quatro representações escultóricas correspondentes a diferentes épocas e culturas. De novo, as relações aparecem como uma forma de pensamento. Mas nem todas as relações têm o mesmo valor. Há aqueles que destacam os materiais dos quais são feitas, outros a cor, algum o valor simbólico, o papel do gênero, e, inclusive, um nexo comum como a representação da relação diante da morte em cada cultura. O debate sobre a necessidade de um marco para situar essas relações abre uma nova porta que tem fortes repercussões tanto com as estratégias que se utilizam para resolver determinados problemas, em função da experiência (conhecimentos) dos quais se dispõe, como das possibilidades para encontrar novas e mais complexas relações. Questão essa que parece fundamental para aqueles que se preocupam com o como ensinar para continuar aprendendo ao longo de toda a vida.

Esses exemplos e outros que costumo apresentar como convite a olhar objetos e imagens cotidianas em função das relações que em torno deles possam ser estabelecidas tentam ilustrar a importância da capacidade humana para realizar processos de exploração e de busca, estabelecer conexões e realizar interpretações desde e em torno de diferentes conceitos e problemas-chave. Relações que, como apontamos, ainda que sempre possíveis, não se realizam da mesma maneira nem têm a mesma complexidade, pois podem organizar-se numa faixa que vai desde "o que se vê" (as qualidades externas dos objetos) até "o que se interpreta" (como reconstrução de aspectos do conhecimento acumulado vinculado a elaborações do próprio sujeito). Mas acontece que nem sempre são os especialistas que realizam "melhores" e "mais complexas" relações (Hernández, 1997c). O que propõe algumas dúvidas na visão comparativa que introduziu o enfoque de pesquisa baseado no estudo das estratégias de conhecimento que utilizam novatos e especialistas num determinado campo disciplinar.

O que dissemos anteriormente nos introduz num dos debates que hoje se mantém em torno da compreensão e da construção do conhecimento escolar, por parte dos psicólogos de orientação construtivista (Rodrigo e Arnay, 1997), que sustentam o que Gardner afirmava numa recente entrevista: "Não podemos criar uma conexão, a menos que compreendamos a essência de algumas disciplinas concretas" (Hernández e Sancho, 1997). Contudo, essa posição não é compartilhada por aqueles que:
- consideram que as disciplinas não são entidades que representam um conhecimento unificado e organizado (Gergen, 1992), e sim que é mutável e admite interpretações e pontos de vista diferentes em torno dos mesmos problemas; que o conhecimento científico se configura, cada vez mais, a partir de uma concepção transdisciplinar (Gibbons *et al.*, 1995), o que requer repensar a própria noção de disciplina;
- aqueles que sustentam que o conhecimento escolar tem pouco a ver com o conhecimento disciplinar e que o que se aprende na Escola leva em conta outros saberes que não necessariamente passam pelas disciplinas (Popkiwick, 1994; Berstein, 1995);

- aqueles que propõem que a vinculação que a Psicologia construtivista realiza entre o conhecimento científico e o conhecimento escolar não considera a dimensão educativa que contribui para a criação de identidades e valores por parte da instituição escolar (Kincheloe, 1993).

Há, pois, uma primeira visão da globalização que se apresenta como uma forma de conhecimento do mundo que vai além das disciplinas do currículo escolar. Um conhecimento que, hoje em dia, enfrenta, como assinala Morin (1993, p. 67), o desafio de "como adquirir o acesso às informações sobre o mundo e como adquirir a possibilidade de articulá-las e organizá-las".

A globalização como noção epistemológica e operacional

Esse enfoque baseia-se na idéia de que há conceitos e problemas similares entre as disciplinas e que a divisão atual responde a uma racionalidade técnico-burocrática, "que fragmenta o global" (Morin, 1993, p. 70). Essa perspectiva da globalização trata de unir o que está separado, estabelecendo novas formas de colaboração e de interpretação da relação entre o simples e o complexo (Morin, 1989). Uma citação de Gell-Mann (1995, p. 32), Prêmio Nobel de Física, na qual reflete sua trajetória profissional, ilustra essa posição globalizadora de caráter relacional: "Ben e eu ansiávamos por compreender o mundo e desfrutar dele, sem estabelecer divisões arbitrárias. Não distinguimos entre as Ciências Naturais, as Ciências Sociais e do Comportamento, as Humanidades ou as Artes. De fato, nunca acreditei na primazia de tais distinções. O que sempre me chamou a atenção foi a unidade da cultura humana, onde a ciência ocupa um lugar importante. Inclusive a distinção entre natureza e cultura humana é pouco nítida, pois devemos recordar que também nós somos parte da natureza".

Essa concepção, que hoje é tema de busca de alternativas para o conhecimento disciplinar, pode vincular-se com a discussão sobre "o que ensinar" na Escola, e, como conseqüência, repensar a compartimentação e fragmentação que, sobretudo no currículo da Escola secundária, constitui a referência da maioria do professorado.

Dado que no próximo capítulo se tratará mais detidamente da vinculação desse sentido da globalização com a transdisciplinaridade fica agora apenas enunciado seu conteúdo.

A globalização e a organização curricular

Tal como assinalei, em diferentes circunstâncias da história da educação escolar deste século, houve uma preocupação por elaborar propostas inovadoras de ensino que não complementarizaram os conhecimentos derivados das disciplinas, de maneira que os alunos podessem relacionar-se com a globalidade dos fenômenos a partir de seu estudo, relacionando-o com situações da vida cotidiana. São exemplo disso os mencionados nomes de Kilpatrick, Decroly ou Elisabeth Parkusth (Plano Dalton), na década de vinte; Bruner e Stenhouse, nos anos sessenta e setenta; a noção de Efland (1995), de currículo em "rede"; ou a atual revitalização do currículo integrado (Torres, 1994; Hargreaves, Earl e Ryan, 1996).

Todas essas propostas elaboradas e apresentadas por formadores e docentes preocupados em encontrar alternativas para melhorar o ensino baseiam-se na idéia de integração de conhecimentos, na importância de levar em conta o mundo de fora da Escola e considerar a realidade dos alunos. Não vou voltar a assinalar que essas idéias tiveram êxito, mas que não se arraigaram até o ponto de substituir a organização do currículo por disciplinas, porque não incidiram na mudança das concepções predominantes do sistema escolar e de sua função social.

Contudo, essas iniciativas fazem parte de uma tradição pedagógica que foi utilizada para promover uma visão do currículo escolar, que desse "melhores" respostas a perguntas tais como: Como ensinar os conceitos-chave aos alunos? Como podem aprendê-los? Como apresentá-los a partir da relação, e não da fragmentação das diferentes disciplinas escolares? Como superar a fragmentação dessas matérias? Como conectar com a diversidade o processo de mudança dos estudantes? Como levar em consideração as transformações sociais em relação com o que se ensina na Escola? Como contribuir para a construção de subjetividades múltiplas numa sociedade complexa e em mudança?

O ensino mediante "projetos de trabalho", "centros de interesse", "projetos interdisciplinares", "currículo integrado", "pesquisa sobre o meio", "créditos de síntese" foram algumas das iniciativas que se desenvolveram para responder, de uma maneira mais ou menos satisfatória, às mutáveis demanda e necessidades as quais a Escola deve responder. Desse ponto de vista, tem sentido recordar, ainda que possa parecer um excesso funcional, o anúncio de Giordan, na citada entrevista no jornal *Liberation*, "de uma disciplina sobre como aprender e gestionar os conhecimentos, como aceder a eles e avaliar sua pertinência sobre o problema a tratar. A partir dessa "disciplina", "o aluno deve poder aceder a estratégias de modelização e simulação, dominar diversas técnicas de pesquisa e argumentação, possuir certas capacidades sobre as relações interpessoais. Inclusive deve aprender a negociar e a tomar decisões", assinala um caminho, para responder a essa necessidade.

Essa noção de globalização foi a que, inicialmente, serviu de referência para situar a pergunta do grupo de professores do Ensino Fundamental com a qual começava esta história. Contudo, como assinalei no prólogo, hoje tenho uma certa prudência ao utilizar essa denominação, devido à contaminação que sofreu, vinculando-se a uma opção mercantilista da economia e da mundialização das comunicações e da informação.

Por isso, chame-se globalização ou transdisciplinaridade o que se destaca dessas diferentes versões é que apontam outra maneira de representar o conhecimento escolar, baseada na interpretação da realidade, orientada para o estabelecimento de relações entre a vida dos alunos e professores e o conhecimento disciplinar e transdisciplinar (que não costuma coincidir com o das matérias escolares) vão elaborando.

Tudo isso para favorecer o desenvolvimento de estratégias de indagação, interpretação e apresentação do processo seguido ao estudar um tema ou um problema que, por sua complexidade, favorece o melhor conhecimento dos alunos e dos docentes de si mesmos e do mundo em que vivem. Mas, como Morin (1993, pp. 70-71) assinala, "não basta agitar a bandeira do global: deve-se associar os elementos do global com uma articulação organizadora complexa, deve-se contextualizar esse mesmo global. A reforma necessária do pensamento é aquela que engendrará um pensamento do contexto e do complexo".

A finalidade deste livro é, em boa parte, contribuir para essa mudança, a partir de uma proposta que hoje pode continuar sendo considerada como transgressora. Mas não é nem uma tarefa que tem final, nem um processo acabado. Abordá-lo estabelece novos problemas, pois torna necessário mudar a organização do tempo e do espaço na Escola, o currículo por disciplinas (tarefa árdua, sobretudo no secundário), as expectativas das famílias, as atitudes profissionais dos docentes e a sensibilidade dos políticos e dos meios de comunicação.

Tudo o que se disse anteriormente será explorado nas páginas que seguem, como um desafio para continuar repensando o sentido do conhecimento e das relações com os diferentes saberes (não só disciplinares) e em transformação nas sociedades e culturas do final do século XX. O que constitui um desafio para a mudança permanente,.. e para continuar aprendendo.

CAPÍTULO II
A transdisciplinaridade como marco para a organização de um currículo integrado

A finalidade deste capítulo é argumentar – a partir do atual debate sobre os "marcos" e sobre "os limites" na orientação da pesquisa em diversos campos disciplinares – sobre a necessidade de que se restabeleça, na educação escolar, a apresentação dos conhecimentos vinculados às disciplinas acadêmicas e sua consideração como campos fechados e favorecidos de um currículo fragmentado, distanciado das transformações sociais, das mudanças nos saberes disciplinares e nas vidas dos alunos, sobretudo dos adolescentes.

Apresentar essa visão não deixa de lado as opiniões contrárias. Opiniões que procedem tanto da Psicologia como da própria estrutura organizativa dos departamentos nas Escolas de Ensino Médio e da cultura dominante em cursos de formação, livros-texto, organização da universidade e, sobretudo, daqueles que argumentam que a organização das disciplinas é a única forma legitimada pela cultura e pela sociedade, há muitos anos, como maneiras de ordenar e articular os conhecimentos, daí que excluir esses campos no momento de organizar o currículo seja privar os alunos da possibilidade de conhecer o que a civilização foi elaborando ao longo dos séculos mediante o conhecimento científico...

Não vou refletir sobre esses argumentos, mas sim aviso que vou tentar dialogar com eles para relativizá-los e mostrar que não constituem a única das explicações possíveis para a organização do currículo. Nesse percurso, tratarei de revisar e questionar a "verdade sagrada" da organização do currículo acadêmico a partir das disciplinas ou de sua transmutação em conhecimento escolar através das didáticas especiais.

Essa tarefa pode ser necessária para abordar alguns dos problemas com os quais hoje encontra-se a Educação, sobretudo na destinada aos pré-adolescentes, que parece se encontrar numa difícil encruzilhada, devido, entre outras razões que logo veremos, à persistência em adotar a organização do currículo por disciplinas como resposta única às necessidades educativas, não de um setor muito pequeno da população, mas de todos os alunos que cursam a educação básica, muitos dos quais têm dificuldades para conectar-se com essa organização acadêmica e apenas outros, uma minoria, não o esqueçamos, podem adaptar-se pelas expectativas criadas desde seu grupo social.

Que esse problema é preocupante, podemos observar na imprensa diária de muitos países, tal como o recolhem Hargreaves, Earl e Ryan (1996), quando assinalam que, na atualidade, há uma corrente internacional preocupada pela mudança nas Escolas de Ensino Médio (uma vez que se implantou a escolarização obrigatória até os 16 ou os 18 anos), visto que esses não preparam para o mundo do trabalho e para prosseguir os estudos superiores.

Essa falta de preparação é manifestada tanto pelas universidades como pelos empregadores, que percebem que os fundamentos da alfabetização, das estratégias e habilidades básicas e das atitudes adequadas para adaptar-se a uma realidade em mudança não foram adquiridos pelos estudantes ao acabar a Escola de Ensino Médio.

Essas percepções são reflexo de que se estão produzindo mudanças sobre o que se considera que deva ser aprendido na educação básica (que não nos esqueçamos que, em alguns países, vai dos 4 aos 18 anos) e também nas características da população que cursa os estudos do Ensino Médio. Vejamos algumas delas:

– diante da homogeneidade que mais ou menos imperou até agora (classe média, compartilhando uma mesma língua e valores culturais), hoje se pode observar uma grande diversidade social, cultural e lingüística entre os adolescentes que acorrem à Escola de Ensino Médio, sobretudo nos países que foram acolhendo emigrantes nos últimos anos,

– ao estender-se o período de escolarização básica, o que antes se ensinava a alguns poucos agora deverá ser ensinado a todos. Como conseqüência, um currículo que se destinava a uns poucos que iriam à universidade, agora é um currículo para todos, o que implica reajustes e mudanças tanto na orientação do que se considera que se deva aprender no Ensino Médio como nas validações e nas titulações que se obtenha uma vez cursado esses estudos.

Para dar resposta a essa nova situação, deparamos-nos com duas tendências contrapostas. Por um lado, os que sustentam que é fundamental manter o currículo por matérias disciplinares, centrado em conteúdos conceituais e procedimentais, como portas de acesso aos conhecimentos socialmente aceitos como representativos da cultura científica refletida nas disciplinas. A outra tendência considera que esse tipo de currículo já não é necessário nem responde às finalidades da educação básica em relação à vida contemporânea.

Frente a essa história, neste capítulo e ao longo de todo o livro optei por debater o problema da organização do currículo. Sobretudo para exorcizar o medo e a atitude defensiva de sair do senso comum. Aqui pretendemos (e nisso incluo o leitor, ainda que não compartilhe desses pontos de vista) não renunciar à busca de alternativas para responder a uma situação de mudança na sociedade, nos meninos e nas meninas e nos adolescentes, nos saberes disciplinares e na própria função da educação básica.

O ponto de partida para esse debate é assumir que o caminho trilhado já é conhecido, assim como a falta de respostas para essa enorme coletividade de adolescentes que, até há muito pouco, deixava de ser escolarizada aos 14 anos ou abandonava precocemente a Escola.

Por isso, nosso primeiro protesto parte de que a organização da Escola Média baseia seu currículo mais nas disciplinas acadêmicas e na transmissão de conteúdos do que na formação da subjetividade dos estudantes, em facilitar-lhes estratégias para procurar, dialogar e interpretar informações que lhes permita construir pontes entre diversos fenômenos e problemas, de maneira que desenvolvam uma atitude de pesquisa que lhes leve a aprender ao longo de suas vidas.

Leve em conta o leitor que, nesse empenho, vou tentar assinalar diversos caminhos com o risco de que alguns fiquem por explorar em profundidade. Contudo, podem servir de "lugares" para começar a estabelecer conexões. Tudo isso com a finalidade de servir de fio condutor para iniciar o percurso por essa proposta de busca de alternativas para a Escola que, como anunciava no prólogo, pretende ser transgressora.

Para isso, vamos começar assinalando uma série de "lugares" nos quais se podem localizar algumas referências às mudanças apontadas que reclamam repensar a Educação: nas formas de representar no presente; na organização dos saberes e na função da Escola.

Uma situação social em processo de mudança

A denominada pós-modernidade, ou modernidade tardia, é um "guarda-chuva" geral de reflexões e propostas sobre o presente cultural, no qual se abrigam uma série de formas de pensamento sobre a vida econômica, política, social, cultural, artística e, inclusive, pessoal, que se organiza em torno de princípios divergentes ou complementares aos estabelecidos pela modernidade.

Tal como propõe Hargreaves (1996), a pós-modernidade é uma condição social. Compreende determinadas pautas de relações sociais, econômicas, políticas e culturais. O pós-modernismo seria um aspecto do fenômeno mais geral da pós-modernidade, uma conseqüência da condição social pós-moderna, um efeito da pós-modernidade. Essa situação de mudança manifesta a existência de uma nova consciência artística e cultural, e a consciência de radicais transformações em nossa existência e em suas condições históricas.

Essa situação se apresenta com uma série de características entre as quais destacaríamos:

- A denominada, por alguns, sociedade da globalização, referente à desregulação da economia e do mercado, que faz com que as decisões que afetam a vida das pessoas não tenham uma imagem visível, e que a situação da economia dependa de fluxos especulativos mais do que da economia produtiva.
- A homogeneização das opções políticas e econômicas. Essa característica tem a ver, em parte, com a anterior, e se refere ao papel dos mercados e das instituições econômicas internacionais como determinantes das políticas econômicas dos Estados. Desse ponto de vista, os governos passam a ser administradores das políticas estabelecidas pelo Fundo Monetário ou pelo Banco Mundial, que, por sua vez, servem às grandes corporações representadas pelo Grupo dos Sete (G7).
- A transnacionalização e transculturização dos valores e dos símbolos culturais, devido sobretudo à mundialização dos meios de informação e de comunicação, que fazem com que os acontecimentos sejam apresentados na televisão em escala planetária; que os países tenham imagens do que acontece mediadas por um reduzido grupo de agências produtoras de notícias e que a indústria do ócio, sobretudo da música e do cinema, contribua para criar alguns ícones e um sistema de valores do tipo universal.
- As transformações no emprego, refletidas no aumento das diferenças entre o tipo dos trabalhos que os indivíduos realizam, a preparação requerida e a própria noção de trabalho. Até recentemente, a finalidade da formação, tanto profissional como universitária, era preparar para um trabalho estável, e para toda a vida. Hoje, os indivíduos se preparam para mudar de trabalho com freqüência, lhes é exigido um tipo de habilidades e de conhecimentos – sobretudo flexibilidade, capacidade de adaptação e atitude de colaboração –, que há muito poucos anos eram competência apenas de um grupo muito reduzido de pessoas.
- A progressão geométrica no volume de produção de informação é outro dos aspectos que hoje tem um peso maior na vida das pessoas, podendo produzir o que Umberto Eco prognosticava recentemente: que "o excesso de informação mudará nossas cabeças". O que estabelece a necessidade de aprender como relacionar-se com a informação, para que não se mantenha o efeito

de fragmentação que hoje se observa, quando "todos sonham, mas quase ninguém tem idéia" do que quer dizer a informação que circula, pois se carece de contexto. Por outro lado, o aumento da informação não é garantia de uma maior sabedoria, entre outras razões porque os indivíduos continuam com nossa mesma capacidade mental e emocional.
- A primazia do imperativo tecnológico que se baseia na crença que concebe a fabricação de ferramentas (hoje representadas pelos computadores, as redes de comunicação, as experiências biomédicas,...) como fator determinante e essencial da evolução da humanidade.
- Tudo que foi dito anteriormente estabelece a necessidade de aprender a aprender, não só durante a escolaridade básica, mas também ao longo de toda a vida, pois uma conseqüência das características anteriores é que se produzirá um aumento das diferenças entre "os que têm" e "os que não têm". Sobretudo entre os que produzem informação e aqueles que a consomem.

Essa situação, sumariamente descrita, estabelece uma série de desafios aos quais a Escola deverá responder, entre os quais destacaria:
- A necessidade de selecionar e estabelecer critérios de avaliação.
- Decidir o que aprender, como e para quê.
- Prestar atenção ao internacionalismo, e o que traz consigo de valores de respeito, solidariedade e tolerância.
- O desenvolvimento das capacidades cognitivas de ordem superior: pessoais e sociais.
- Saber interpretar as opções ideológicas e de configuração do mundo.

De alguma maneira, a proposta educativa a que se vinculam os projetos de trabalho é uma via para dialogar e dar resposta a essa situação em mudança, que não só está transformando a maneira de pensar-nos a nós mesmos, mas também de nos relacionarmos com o mundo que nos rodeia. De maneira especial, essa situação afeta às crianças e aos adolescentes, sobretudo da classe média, que são os que se relacionam, dia a dia, com os novos recursos tecnológicos e simbólicos.

A reflexão sobre os limites das disciplinas: a transdisciplinaridade

Como assinalamos em outro momento (Sancho e Hernández, 1997), se observarmos a prática da pesquisa nas ciências e na tecnologia, poderemos notar que há uma crescente aproximação transdisciplinar no momento de organizar grupos e projetos de pesquisa. A transdisciplinaridade se caracteriza pela definição de um fenômenos de pesquisa que requer:

a) a formulação explícita de uma terminologia compartilhada por várias disciplinas e

b) uma metodologia compartilhada que transcende as tradições de campos de estudo que tenham sido concebidos de maneira fechada.

A transdisciplinaridade representa uma concepção da pesquisa baseada num marco de compreensão novo e compartilhado por várias disciplinas, que vem acompanhado por uma interpretação recíproca das epistemologias disciplinares. A cooperação, nesse caso, dirige-se para a resolução de problemas e se cria a transdisciplinaridade pela construção de um novo modelo de aproximação da realidade do fenômeno que é objeto de estudo.

Nessa proposta, os limites disciplinares, a distinção entre pesquisa pura e aplicada e as diferenças institucionais entre as universidades e a indústria (no caso da educação, teríamos de nos referir à Escola, à universidade, ou às distintas disciplinas educativas) parecem cada vez menos relevantes. A atenção é voltada para a área do problema, para o tema alvo do objeto de estudo, dando preferência à atuação colaborativa em lugar da individual. A qualidade se avalia pela habilidade dos indivíduos em realizar uma contribuição substantiva a um campo de estudos a partir de organizações flexíveis e abertas.

Por isso, é importante destacar que, diante do pensamento único da Escola em torno do qual o conhecimento só pode ser representado no currículo a partir da versão de algumas disciplinas, a concepção transdisciplinar emerge como uma das características que hoje aparecem no âmbito da pesquisa, de maneira especial nas áreas e problemáticas que recebem um maior reconhecimento na comunidade científica.

Vamos nos aproximar de Gibbons *et al.* (1995) nas características de uma concepção transdisciplinar do conhecimento:

1. A primeira faz referência a um marco global de trabalho que guia os esforços de resolução de problemas de diferentes indivíduos. A solução não emerge de maneira isolada da aplicação dos conhecimentos existentes. Isso faz com que os elementos do conhecimento do qual se parte devam configurar o problema objeto de estudo. O que implica um processo criativo e um consenso teórico que, uma vez obtido, não pode ficar reduzido a fragmentos disciplinares, e sim deverá possibilitar abordar um novo objeto de conhecimento que deverá ser, necessariamente, transdisciplinar.

2. A segunda característica tem a ver com o fato de que a solução do problema proposto compreende, ao mesmo tempo, componentes empíricos e teóricos, o que torna inseparável sua contribuição ao conhecimento, que não deverá ser necessariamente disciplinar. Pelo fato do conhecimento transdisciplinar surgir de um contexto particular de aplicação, ele desenvolve suas estruturas teóricas, métodos de pesquisa e modos de aplicação próprios; não podem ser localizados num mapa disciplinar

predeterminado. O esforço da pesquisa é cumulativo, no sentido de que a direção do conhecimento desenvolvido pode viajar em diferentes direções, depois de que se tenha resolvido um problema relevante.

3. A terceira característica tem a ver com a comunicação dos resultados que, diferentemente do que acontece no modelo tradicional – onde se comunicam através de canais institucionais, tendo como audiência prioritária os membros do próprio grupo dentro da comunidade científica –, procura-se que tenha sua difusão vinculada ao processo de sua produção e que leve em conta os diferentes agentes participantes no mesmo, assim como a audiência implícita no problema estudado.

4. Por último, tem a ver com o caráter dinâmico dessa maneira de entender a pesquisa. O problema que se pretende resolver é móvel, dúctil, inclusive instável. Por isso, uma solução pode servir como ponto de partida, como referência cognitiva a partir da qual se podem realizar novos avanços, onde esse conhecimento pode utilizar-se nas fases seguintes da busca. Por essa razão, é difícil prever tanto seu desenvolvimento futuro como suas possíveis aplicações, como acontece com a pesquisa de base disciplinar.

Levando em conta essas características, deveria aperfeiçoar-se uma organização do ensino na Escola bastante distanciada do que acontece na atualidade. Ao mesmo tempo que parece possível estabelecer um paralelismo entre o planejamento transdisciplinar na pesquisa e no ensino da interpretação num currículo integrado.

Mas, para estabelecer esse paralelismo, é necessário que a atitude transdisciplinar – que é observável em campos como o biomédico, a ecologia, a astronomia ou a paleontologia –, no caso da educação, supere-se a fase na qual agora nos encontramos. Na reflexão sobre o currículo escolar, ainda que comecem a estabelecer-se algumas aproximações partindo dessa perspectiva (Herón da Silva, Clóvis e Santos, 1996), há ainda um longo caminho a ser explorado; sobretudo por causa da compartimentação do currículo escolar criada e mantida não só pelas denominadas didáticas especiais que atuam como espécies sindicais a partir das quais se estabelece "os conteúdos" do que se deve ensinar.

Uma proposta para começar a abordar a perspectiva transdisciplinar em educação deveria começar a perguntar-se sobre o por quê de determinadas disciplinas, e não outras, estarem no currículo; com que função as disciplinas entraram no currículo, etc. Nos últimos anos, essa circunstância vem acompanhada, na regulação da prática educativa, da presença dominante de uma série de disciplinas que cumprem a função de "recontextualização" do discurso pedagógico (Berstein, 1995), em especial a psicologia, mas também a sociologia e, recentemente, a antropologia.

Essa situação seria uma das razões para explicar a persistência, na organização das Escolas de Ensino Médio, de um currículo acadêmico centrado nos enfoques disciplinares, que são transmudados (recontextualizados), como já destaquei, pela alquimia da Escola em matérias curriculares (Popkewitz, 1987). Isso significa que os problemas sejam estudados de maneira fragmentada, sob a ótica da parcela interpretativa na qual se move cada professor, que, por sua vez, deverá levar em conta os interesses das disciplinas curriculares no sistema de ensino (desde os espaços de poder que possibilitam na formação para os especialistas nas didáticas disciplinares até a produção dos livros-texto).

Essa situação conduz, como assinalam Santee e Warren(1995), a que a organização das Escolas de Ensino Médio por departamento baseados nas matérias curriculares acabe por definir "quem são os professores, o que fazem, de onde e com quem trabalham, e como os outros percebem seu trabalho", e a não responder às necessidades de mudança das Escolas e das diferentes culturas dos estudantes dentro deles. Por essa razão, não é de se estranhar que os críticos da organização por departamentos, das Escolas de Ensino Médio, considerem que representem pilares de conservadorismo curricular, constituam enclave de defesa de interesse corporativos e, com freqüência, sirvam para colocar em evidência o rechaço ou a indiferença dos professores diante dos interesses dos estudantes. Mas a organização departamental é só um sintoma de uma maneira de entender a pesquisa nas disciplinas e de conceber a função da Escola.

A necessidade de enfrentar a mudança da Escola

O que foi dito até agora são alguns sinais de uma mudança na sociedade e nos saberes a que a Escola parece resistir em responder. Por isso, pode ser importante perguntar-se onde vamos parar com toda essa aventura e como responder a essas mudanças. Para isso, olhei ao meu redor e recolhi as vozes de outros que tentam responder à pergunta "em que direção deveriam ir os caminhos na educação escolar?"

Para isso, escolhi três informes recentes que representam outros três pontos de vista sobre o que deve ser a escolaridade, que tratam de redefinir a educação escolar com o olhar dirigido a esse horizonte mítico do século 21, e que se conectam, de alguma forma, com o marco geral no qual tratarei de situar a concepção educativa vinculada aos projetos de trabalho.

O estudo da Comissão da UNESCO sobre *a Educação do século XXI* assinala que a educação escolar se encontra em meio a uma série de tensões que é preciso superar: "entre o global e o local, o espiritual e o material, o universal e o particular, a tradição e a modernidade, o logo e o curto prazo, o desenvolvimento dos conhecimentos e de sua capacidade de assimilação, a necessidade de compartilhar e o princípio de igualdade de oportunidades".

Por seu lado, o informe da OCDE, de 1995, assinalava, com respeito à Educação, que: "A rápida mutação da economia e da técnica torna inútil a formação orientada exclusivamente para a formação profissional, já que a evolução dos conhecimentos e das técnicas e a própria transformação das empresas torna rapidamente obsoleto seu conteúdo. Além disso, a grande diversidade de estruturas familiares e a composição pluricultural das sociedades industrializadas se opõem a um conceito das Escolas como entidades homogêneas. Diante desse panorama, o papel do sistema educativo consistiria em ajudar cada aluno a adquirir uma série de saberes e competências gerais básicas, inculcar-lhes a capacidade de adaptar-se à mudança e, sobretudo, a aptidão e o gosto por aprender e reaprender durante toda sua vida".

Por último, Juan Carlos Tedesco, diretor do Escritório de Educação da UNESCO, assinalava, em algumas declarações à publicação espanhola *Comunidade Escolar*: "Documentos recentes dos grupos industriais mais avançados da Europa põem em relevo a necessidade de formar indivíduos completos. A especialização precoce do Ensino Médio, vigente em muitos países da Europa, já não parece adequada à realidade atual". E acrescenta, falando das teorias da aprendizagem: "os teóricos não localizam a aprendizagem em instituições com suas normas, que devem ser iguais para todos, acostumam a fazer as análises a partir de um ponto de vista individual e em situações artificiais".

Esses três pontos de vista, pelo fato de procederem de instituições internacionais, podem ser interpretados como referências que apontam preocupações comuns, intenções educativas para o presente que, em parte, coincidem com as propostas neste livro: formar indivíduos com uma visão mais global da realidade, vincular a aprendizagem a situações e problemas reais, trabalhar a partir da pluralidade e da diversidade, preparar para aprender toda a vida...

Repensar o saber escolar e a função da Escola

Tudo que foi dito anteriormente propõe desafios ambiciosos e, de certa maneira, desmesurados, se levamos em conta as atuais culturas (concepções sobre como se deve ensinar, finalidades da Educação, práticas na sala de aula, formas de organização do tempo e do espaço escolar,...) que predominam na Escola e as que promovem as reformas educativas orientadas, sobretudo, a uma redefinição dos conteúdos disciplinares.

No entanto, começam a ser elaboradas algumas alternativas propostas pelo docentes que tentam, com seus alunos, aprender de outra maneira, centrando-se em problemas relacionados com sua cultura e com sua realidade, e que podem ser objeto de pesquisa. É o que procuram aqueles que questionam a distribuição do horário por matérias, em unidades de 50 minutos, e a organização da escola por departamentos, que têm como base as disciplinas escolares. Esses docentes tratam de ser mais flexíveis com o uso do tempo e do espaço (rompendo os limites do dentro e do fora da Escola), e começam a trabalhar de maneira cooperativa, e não cada docente em sua sala, e em sua disciplina. São os professores que, às vezes sem estar conscientes disso, tentam restabelecer o significado do saber escolar.

Esse último ponto, como já apontei, interessa-me especialmente. O que se ensina na Escola está filtrado e selecionado, e pode estar longe do que preocupa às disciplinas a que se faz referência, ou aos problemas que os distintos saberes se propõem na atualidade. E nem falamos na distância que existe entre o que se ensina na Escola e as culturas das crianças e dos adolescentes. Entendo, aqui, a noção de cultura num sentido concreto: como o conjunto de valores, crenças e significações que nossos alunos utilizam para dar sentido ao mundo em que vivem. Noção que abarca, na prática, desde a possibilidade de viajar pelo espaço e pelo tempo, que torna possível que exista um *videogame* (e seu valor simbólico), até as formas de vestir e de comportar-se relacionadas com a pertinência a um grupo, à moda e à identidade pessoal.

Apresentar exemplos da cultura que nos rodeia tem a função de aprender a interpretá-los a partir de diferentes pontos de vista e favorecer a tomada de consciência dos alunos sobre si mesmos e sobre o mundo. É um processo de compreensão, sobre o qual me aprofundarei mais adiante. Essa noção de cultura não se adapta à que costuma estar presente em nossas escolas, ou à daqueles que pensam que se deva ensinar, de uma maneira fácil e agradável, aquilo de que as crianças gostam. Com freqüência, o que fazemos pode parecer valioso, porque os alunos participam ativamente, mas o que aprendem com isso? O que aprendem deles mesmos e do mundo que os rodeia? Onde situar a complexidade compreensiva nas diferentes atividades que realizam? A essas e a outras perguntas tratamos de dar resposta quando desenvolvemos um projeto de trabalho.

O currículo integrado como marco para repensar a organização do conhecimento na Escola

A necessidade de ensinar a relacionar ou combinar conceitos e procedimentos que, pelas matérias curriculares, foram ensinados anteriormente, de maneira separada, em lições, unidades, ou cursos, é uma questão que sempre esteve no centro das discussões sobre como ensinar na Escola (Thompsom, 1990; Torres, 1994; Hernández, 1996). Como assinalei, o método de projetos de Kilpatrick (1919), os centros de interesse de Decroly (1987), a Escola Dalton, de Parhkhust, as unidades de trabalho de Emerson, passando pelos projetos de Bruner (1969) ou Stenhouse (1970), o trabalho por "temas" (Tann, 1988; Henry, 1994), até os créditos de síntese no atual Ensino Médio espanhol, os projetos de trabalho (Hernández, 1997) ou as recentes disposições curriculares nos Estados Unidos, nas quais se propõe a conveniência de trabalhar, nas escolas, temas interdisciplinares (Schudi e Lafer, 1996; Wood, 1996) são exemplos frutíferos dessa constante preocupação.

Um sentido comum emerge entre todas essas propostas: ensinar os alunos a pesquisar a partir dos problemas relacionados com situações da vida real. Entendo por "vida real" não só o próximo, mas também o modo em que hoje os saberes disciplinares propõem a pesquisa em seus respectivos domínios. Tudo isso como forma de enfrentar o dilema da seleção de alguns conteúdos diante da multiplicidade de possíveis matérias e temas de estudo que hoje são oferecidos pelas diferentes disciplinas, os saberes organizados (não considerá-los científicos) e as diferentes realidades sociais e culturais.

Como estratégia para que os alunos aprendam os procedimentos que lhes permitam continuar aprendendo ao longo de toda sua vida, e, sobretudo, para que o conhecimento escolar seja atualizado e responda à necessidade de que a Escola ofereça um suporte básico para explorar as diferentes parcelas da realidade e da experiência dos próprios alunos (como indivíduos e como grupo parte de uma coletividade que se debate entre o singular e o global). Um antecessor desse tipo de proposta foi o projeto de Currículo de Humanidades, elaborado por Stenhouse (1970), que propôs o estudo de problemas humanos de interesse geral para os adolescentes, em torno de áreas de experiência nas quais os indivíduos possam mostrar seus desacordos. Tudo isso com a finalidade de desenvolver a compreensão das situações sociais, dos atos humanos e dos problemas controvertidos que suscitam. Compreensão que se realiza mediante o diálogo, a pesquisa a partir de fontes diversas de informação e a expressão reconstrutivista, mediante diferentes formatos (escritos, dramatizados, visuais,...) do percurso realizado.

A forma de favorecer esse tipo de conhecimento seria ensinar a relacionar, a estabelecer nexos, definitivamente a compreender. A compreensão se vincularia, e com isso passo a essa noção num caminho complementar ao assinalado no capítulo anterior, como assinala Perkins (1992), à capacidade de pesquisar um tema mediante estratégias como explicar, encontrar evidências e exemplos, generalizar, aplicar, estabelecer analogias e representar em tema mediante uma nova forma.

Aqueles que advogamos por essa maneira de propor a aprendizagem escolar, o fazemos porque pensamos que, assim, responde-se melhor, a partir da Escola, às mudanças na sociedade, no conhecimento e nas disciplinas (Hernández, 1996a; Hargreaves, Earl e Ryan, 1996). No entanto, sou consciente de que essa opinião não é compartilhada por aqueles que consideram que aprender a relacionar significa conhecer previamente o que se relaciona, e que não se deve confundir as relações de senso comum com as dos saberes organizados, que requerem um certo grau de especialização disciplinar para poder "movimentar-se" em e a partir delas (Gardner, 1991; Rodrigo, 1996, 1997; Boix-Mansilla, 1997). Opinião que, em outra direção, e sem falar do mesmo, também se reflete nas vozes daqueles que denunciam a perda de nível que trará como conseqüência a implantação de um novo Ensino Médio, que acolha todos alunos com diferentes "capacidades", e não só aos que se "adaptam" à atual organização fragmentada do currículo por matérias e a um tempo e a um espaço que responde à especialização dos professores, ao controle dos departamentos e à orientação dos estudos para a universidade. E isso, em vez de favorecer que a função da Escola seja garantir uma série de competências básicas para todos os adolescentes e a possibilidade de construir sua subjetividade cultural.

Frente à experiência fragmentada que possibilita a formação atual dos estudantes, o denominado currículo integrado pretende organizar os conhecimentos escolares a partir de grandes temas-problema que permitem não só explorar campos de saber tradicionalmente fora da Escola, mas também ensinar aos alunos uma série de estratégias de busca, ordenação, análise, interpretação e representação da informação, que lhes permitirá explorar outros temas e questões de forma mais ou menos autônoma.

Essa contraposição de pontos de vista não é algo que surja agora, de maneira ocasional, e sim que costuma ser proposto quando há uma revitalização do currículo integrado, se produz processos de reforma, ou se reivindica após a publicação dos resultados de uma dessas avaliações internacionais sobre conhecimentos matemáticos ou históricos. Vou tentar ampliar esses argumentos a favor e contra a relação de saberes do currículo integrado de base transdisciplinar, levando em conta o que, sobretudo muitos docentes do ensino médio, manifestam diante desse tipo de proposta. Junto a essas opiniões, apresentarei as contribuições de uma série de estudos nos quais também se recolhem argumentos a favor e contra essa maneira de organizar o currículo escolar (Santee e Warren, 1995; Schudi e Lafer, 1996; Carter e Dewayne, 1997).

Argumentos contra o currículo integrado de caráter transdisciplinar

Como indiquei, a opção pelo currículo integrado está sujeita a críticas pelos partidários do currículo acadêmico, que sustentam que, assim, baixam-se os níveis, destrói-se o rigor que oferecem as matérias e se impede os estudantes de vincular-se às demandas que propõe a formação especializada da universidade. Aqueles que estão contra o currículo de maneira integrada costumam utilizar os seguintes argumentos:

– Consideram que a integração de várias matérias escolares numa só lição leva à redução dos conteúdos do currículo das áreas originais que devem ser abordadas no programa do curso.

– Outra das críticas se refere às limitações dos professores no momento de ensinar o currículo integrado de Ciências ou de História, porque se produz reduzionismo e lacunas na maneira de tratar os conteúdos.

– Boa parte de seu questionamento se dirige à questão da utilização do tempo de ensino. Essa vozes consideram que, mediante o currículo integrado, o tempo seja menos eficiente do que quando se centra na aprendizagem de procedimentos baseados numa matéria concreta.

– Além disso, dizem, levar adiante um currículo integrado exige uma maior dedicação dos professores, pois são eles que têm que planejar suas próprias matérias, já que os especialistas oferecem, nos livros-texto, apenas propostas referentes a matérias concretas.

– Essa demanda de preparação torna também menos eficaz a dedicação dos professores ao acompanhamento da aprendizagem dos alunos e ao planejamento do ensino.

– Mas o argumento mais relevante contra o currículo integrado provém da própria natureza e tradição do conhecimento disciplinar na educação escolar. As disciplinas, dizem (Schudi e Lafer, 1996), não só armazenam o conhecimento de uma maneira útil, mas também marcam as linhas mestras para que possa ser gerado novo conhecimento, facilita a criação de comunidades acadêmicas, onde se produzem o intercâmbio, a validação, a aceitação ou o rechaço de novas idéias. As disciplinas oferecem "ordem" para nossa compreensão. Ajudam a fazer com que as idéias estejam situadas e, definitivamente, contribuem para que a vida das pessoas seja melhor.

Argumentos a favor do currículo integrado de caráter transdisciplinar

De maneira paralela às opiniões anteriores, convém recordar que aqueles que argumentam a favor de um currículo integrado consideram não só que assim se favorece o ensino e a aprendizagem, mas também que se constitui a chave para a melhoria da escolaridade. Os argumentos que se estabelecem para eles são:

– Que assim se consegue ser mais eficaz na utilização do tempo, estimula-se o conhecimento dos professores, a relevância e a coerência do currículo, assim como o envolvimento dos estudantes.

– Favorece-se a organização do tempo escolar, pois os alunos não se vêm expostos às constantes interrupções que trazem consigo os reduzidos períodos de ensino atuais (unidades de 45 minutos), e, ao unir dois ou mais períodos, podem seguir uma seqüência completa de aprendizagem numa sessão, com o que aumenta seu rendimento.

– Outro benefício é que evita as repetições de temas e conceitos tão freqüentes ao longo da escolaridade, devido à falta de coordenação entre os professores.

– Uma contribuição do currículo integrado é favorecer a comunicação e o intercâmbio entre os docentes, o que repercute não só na melhoria da qualidade do ensino, mas também no acompanhamento personalizado da aprendizagem dos alunos.

Como costuma acontecer quando há uma polarização de opiniões, ambas posições têm um pouco de razão em seus argumentos. No entanto, ambas projetam um olhar sobre o conhecimento disciplinar do passado, pois, hoje, as disciplinas atuam mais como barreiras que servem para a gestão administrativa ou aos interesses intelectuais de determinados grupos do que para favorecer a expansão do saber. Em que fundamento essa afirmação pode ter uma repercussão importante para a organização do currículo escolar? Hurd (1991) assinala que, na atualidade, existe uma proliferação de campos de conhecimento que situam entre 25.000 e 30.000 as linhas de pesquisa existentes dentro das disciplinas. Campos que se projetam em mais de 70.000 revistas, 29.000 das quais iniciaram sua publicação a partir de 1978.

Isso levou, por uma lado, à superespecialização, mas também à necessidades de encontrar pontes, vias de comunicação entre os campos, o que faz com que, cada vez mais, as disciplinas tendam a desenvolver enfoques de integração. Se aceitamos essa evidência, que mais adiante ilustrarei, a Escola necessita oferecer marcos gerais nos quais os estudante possam localizar diferentes tipos de problemas que transcendam aos limites de uma só disciplina. Do meu ponto de vista, esses marcos gerais não provêm das matérias disciplinares tal como se apresentam hoje, sobretudo nos últimos anos do Ensino Fundamental e no Médio.

O papel do currículo integrado: educar para aprender a dar sentido (compreender)

A finalidade da organização dos conhecimentos em experiências substantivas de aprendizagem num currículo integrado não é favorecer a capacidade de aprender conteúdos de uma maneira fragmentada, e sim interpretar os conhecimentos que se encontram nessas experiências.

Interpretar vem a ser compreender e manifestar explicitamente essa compreensão. Sempre estamos interpretando, mas nem toda atividade vital nem intelectual é interpretativa. Só se interpreta quando se entende o produto como portador de um conteúdo (ou intenção), ou seja, como objeto gerado por alguém em determinadas circunstâncias, com a intenção de manifestar algo. Para que se interprete, aquele que interpreta deve sentir-se interpelado, ou seja, interessado ou envolvido no sentido do produto. Expressar o sentido de uma coisa supõe poder apreciar nela uma intenção a respeito de um valor e descrever sua gênese em virtude do valor a que se entende dirigida de uma maneira intencional.

A interpretação se refere sempre a uma produção humana (artificial, gestual,...). O ser humano se expressa modificando o meio ambiente por meio de artifícios. Esses artifícios, que são seu meio de expressão, constituem a cultura.

O ser humano se expressa configurando produtos que são organizações intencionais de elementos articulados em totalidades concretas. Os produtos culturais constituem representações ou expressões de experiências por intermédio de sistemas codificados de símbolos. Os sistemas de símbolos são o fundamento das culturas. Diante da produção (configuração expressiva, ou representação, ou organização simbólica), produz-se a interpretação.

Interpretar é, portanto, decifrar. Significa decompor um objeto (a representação) em seu processo produtivo, descobrir sua coerência e outorgar aos elementos e às fases obtidas significados intencionais, sem perder nunca de vista a totalidade que se interpreta.

A interpretação é um procedimento quase automático no diálogo. Isso faz com que dialogar signifique reconhecer a linguagem e os gestos do outro como um anúncio para estabelecer uma forma de relação. Mas esse processo não se produz de maneira automática. O que é ouvido e visto deve ser reconstituído do interior daquele que o recebe. Para poder integrá-lo, o receptor tem que retraduzir e reexpressar linguagem e gestos com suas próprias categorias mentais. Nesse esforço, o receptor hipotetiza a intenção e idéia a que possa responder a expressão recebida. Essa hipótese interpretativa configura sua resposta, que não é mais do que a expressão representada do efeito que a comunicação do outro teve nele.

Toda interpretação é uma representação, mediante símbolos, de uma concepção de algo. Cada nova contribuição cultural implica uma nova concepção e uma resposta a alguma ou a todas as representações anteriores. Isso nos leva a considerar que, por exemplo, um artista, um cientista, partem de uma experiência própria vinculada à reconstrução de alguma teoria alheia, a sua análise, da qual surge uma versão que é uma reelaboração entre uma experiência alheia e a versão personalizada da mesma.

Também é necessário reconhecer que existem graus de interpretação. Depende da familiaridade, da competência, do conhecimento que o intérprete tenha da situação. Nisso há uma relação com o que se apontava nos parágrafos anteriores, no momento de assinalar o papel do conhecimento nas situações de compreensão.

O objetivo dessa concepção da interpretação seria buscar os vestígios da existência de um fenômeno pelos objetos e fatos mais díspares: desde as Ciências às Comunicações de Massa, desde a Literatura à Filosofia, desde a arte aos comportamentos cotidianos.

O ensino da interpretação é a parte principal de um currículo que segue essa proposta transdisciplinar. Nele, os estudantes, ao mesmo tempo que aprendem a realizar leituras idiossincrásicas sobre determinados fenômenos, protegem-se das interpretações "corretas", de maneira que, no processo de interpretação, ganham na prática de reconhecer como suas representações (e as que atuam sobre eles) se vão conformando.

Nesse sentido, interpretar significa interessar-se pelas diferentes versões dos fenômenos, por suas origens e pela busca das forças (os poderes) que criaram as interpretações. Esse processo leva a uma grande discussão cultural que seria o que consistiria o eixo de um currículo transdisciplinar. Esse currículo não esquece que o todo (o resultado, o fenômeno) é sempre mais do que a soma das partes (da atividade de análise realizada).

Nesse enfoque do currículo, diante da idéia da seqüencialidade única e de uma ordem estável tão querida por muitos de nossos planejadores curriculares, sustenta-se que há muitas vias para o pensamento complexo, assim como muitos tipos de pensadores complexos, e, portanto, de ordenar e de estudar os conteúdos. O que leva a considerar que o melhor caminho para ensinar seja mediante a pesquisa, observando os diferentes contextos sociais de procedência dos estudantes e as vias ou estratégias que possam ser utilizadas para interrogá-los, estabelecer relações e propor novas perguntas.

Os professores que levam em conta esse enfoque consideram que uma aula é um "lugar" com uma cultura própria (ou culturas) definida pelas formas de discurso que se produzem nas situações de interação e intercâmbio (mas não como sua única característica), e os problemas para aprender não se consideram como produto de certas aptidões, e sim como complexas interações entre personalidades, interesses, contextos sociais e culturais e experiências de vida.

Reconhecer a complexidade dos aprendizes e das situações de aprendizagem pode servir de antídoto diante do reducionismo da pedagogia baseada nos enfoques insurrecionais que hoje circulam, ao amparo do domínio de um discurso psicológico denominado construtivista na educação (Hernández, 1997a). O quadro 2.1 trata de representar as duas posições referentes ao currículo escolar, sem intenção de exclusão, e sim de situar algumas concepções e práticas escolares.

Quadro 2.1 - Diferenças entre o currículo disciplinar e o transdiciplinar (adaptado de Tchudi e Lafer, 1996

Centrado nas matérias	Problemas transdiciplinares
Conceitos disciplinares	Temas ou problemas
Objetivos e metas curriculares	Perguntas, pesquisa
Conhecimento canônico ou estandardizado	Conhecimento construído
Unidades centradas em conceitos disciplinares	Unidades centradas em temas ou problemas
Lições	Projetos
Estudo individual	Grupos pequenos que trabalham por projetos
Livros-texto	Fontes diversas
Centrado na Escola	Centrado no mundo real e na comunidade
O conhecimento tem sentido por si mesmo	O conhecimento em função da pesquisa
Avaliação mediante provas	A avaliação mediante portfólios, transferências
O professor como especialista	O professor como facilitador

A metáfora da "rede" como estratégia para organizar um currículo integrado

Efland (1997) oferece uma alternativa para levar à prática o currículo transdisciplinar baseado na noção de "rede" e centrado na exploração de "idéias-chave". Essa noção é diferente da estrutura proposta por Bruner em seu currículo em espiral baseado nas disciplinas. A perspectiva de Efland supõe organizar o currículo a partir de "idéias-chave" que transcendem a uma disciplina ("mudança", "identidade", "vida", "símbolo"...) e que se definiriam a partir do próprio conhecimento especializado das disciplinas, e que implica responder a perguntas do tipo: quais seriam as idéias-chave para aqueles que investigam no campo da Biologia, da História, da Matemática, da Biomédica, da Ecologia, da Etnografia, da Astronomia...? Essas idéias-chave atuariam como estações de conexão entre linhas de transporte metropolitano, que, por sua vez, seriam os temas objeto de pesquisa pelos alunos.

Essas idéias-chave se concretizariam numa série de temas-problemas (como e por que mudaram as representações do corpo na história do ocidente e em relação a outras culturas? Como a busca de leis sobre a natureza afetaram as maneiras de interpretá-la? Por que os indivíduos necessitaram de sistemas simbólicos como a Álgebra para procurar regularidades ordenadas?...) a partir de cuja interpretação se iria desenvolvendo o currículo na ação.

Uma vez explorado cada projeto de trabalho ou tema de pesquisa, seria transcrito pelo professor para ordenar o que os alunos possam ter aprendido, vinculá-lo ao currículo da Escola e dialogar com os critérios do currículo básico que exista no país.

A partir desse marco de atuação, surgem as atividades de busca, seleção, ordenação, interpretação da informação que vão ilustrando as diferentes perguntas que aparecem na pesquisa. Esses problemas são os que demandam o conhecimento sobre o "que" e o "como" que tanto preocupa os especialistas de área. Nesse processo, os professores participam não só a partir de seus conhecimentos disciplinares (seria essa a estratégia interdisciplinar que costuma ser utilizada nas escolas de Ensino Médio, mas que não ajuda os alunos nem a indagar, nem a estabelecer relações) e sim desde o seguimento e a intervenção reclamados pelos diferentes momentos do problema objeto de estudo. Além disso, facilita a busca de informação, o contraste de pontos de vista, reclama uma intervenção pontual que esclareça um tema ou uma questão, permita que os alunos "antecipem" para conhecimentos "novos", ...

Levar em conta uma perspectiva transdisciplinar do saber na organização do currículo implica que os alunos possam aprender, entre outras, as seguintes estratégias de interpretação (Hernández, 1997c):

a) questionar toda forma de pensamento único, o que significa introduzir a suspeita e questionar a realidade baseada em verdades estáveis e objetivas;

b) reconhecer, diante de qualquer fenômeno que se estude, as concepções que o regem, a realidade que representam e as representações que tratam de influir nela;

c) incorporar uma visão crítica que leve a perguntar-se a quem beneficia essa visão dos fatos e a quem marginaliza;

d) introduzir, diante do estudo de qualquer fenômeno, opiniões diferenciadas, de maneira que o aluno comprove que a realidade se constrói a partir de pontos de vista diferentes e que alguns se impõem diante de outros, nem sempre pela força dos argumentos, mas também pelo poder de quem os estabelece;

e) colocar-se na perspectiva de um "certo relativismo" (Lynch, 1995), no sentido de que toda realidade responde a uma interpretação, e que as interpretações não são inocentes, objetivas nem científicas, e sim interessadas, pois amparam e veiculam visões do mundo e da realidade que estão conectadas a interesses que quase sempre têm a ver com a estabilidade de um *status quo* e com a hegemonia de certos grupos.

Mas essa forma de organizar o currículo e o ensino nas escolas, sobretudo do Ensino Médio, choca não só com a estrutura dos departamentos, mas também com a própria compartimentação sindical que defendem a maioria dos professores. Além disso, confronta-se com a possibilidade de pensar que as Escolas possam ser instituições que aprendem, no sentido reclamado por Senge (1990), para as empresas que pretendem adaptar-se às mudanças e aos novos reclames sociais. Hoje, uma Escola que trata de aprender constantemente de sua prática deverá enfrentar não somente a burocracia com a qual a Administração limita as capacidades organizativas das Escolas, as formas de gestão do tempo, do espaço, os recursos e o pessoal, mas também os próprios limites que, para continuar aprendendo, opõem-se muitos docentes.

A opção pela transdisciplinaridade vinculada ao currículo integrado, apresentada neste capítulo, é uma possibilidade diante da situação de incerteza e desconcerto de muitos docentes para responder às mudanças que hoje têm lugar na sociedade, os saberes, os alunos e a própria educação escolar. Mas há outras possibilidades. Que tudo continue como está, com o que se continuaria favorecendo a exclusão de muitas crianças e adolescentes que não se adaptam à atual concepção da Escola. Ou, como já se ouve em algumas vozes, que se volte ao ensino tradicional, centrado nas formas reprodutoras, baseadas na informação estável e de caráter universal que o professorado transmite aos alunos.

A transdisciplinaridade vinculada ao currículo integrado implica criar novos objetos de conhecimento para fazer do conhecimento algo "efetivo" que permita continuar aprendendo e converta, de novo, a atividade do ensino numa aventura social e intelectual. Os projetos de trabalho podem servir como facilitadores dessa travessia.

CAPÍTULO III
Os projetos de trabalho e a necessidade de mudança na educação e na função da Escola

Na introdução, apontava-se que este não era um livro sobre projetos, se como tal se entende um livro que se limita a explicar de onde vêm, o que são, ao mesmo tempo em que mostre alguns exemplos. Assinalava-se que não se pretendia "vender" essa inovação educativa. Agora, ao entrar neste capítulo, convém recordar aquelas afirmações e reiterar que o que constitui o fio condutor deste livro é a preocupação pela mudança na educação e que, se falamos de projetos, é porque a visão do conhecimento e do currículo que implicam pode contribuir para essa mudança na Escola, mas, sempre levando em conta que NÃO SÃO "a" mudança na educação, nem "a" solução para os problemas da instituição escolar, nem, muito menos, dos que a sociedade leva à Escola.

Os projetos constituem um "lugar", entendido em sua dimensão simbólica, que pode permitir:

a) Aproximar-se da identidade dos alunos e favorecer a construção da subjetividade, longe de um prisma paternalista, gerencial ou psicologista, o que implica considerar que a função da Escola NÃO É apenas ensinar conteúdos, nem vincular a instrução com a aprendizagem.

b) Revisar a organização do currículo por disciplinas e a maneira de situá-lo no tempo e no espaço escolares. O que torna necessária a proposta de um currículo que não seja uma representação do conhecimento fragmentada, distanciada dos problemas que os alunos vivem e necessitam responder em suas vidas, mas, sim, solução de continuidade.

c) Levar em conta o que acontece fora da Escola, nas transformações sociais e nos saberes, a enorme produção de informação que caracteriza a sociedade atual, e aprender a dialogar de uma maneira crítica com todos esses fenômenos.

Contudo, levar em conta todos esses aspectos não significa poder incidir em todos eles. As escolas são instituições complexas, inscritas em círculos de pressões internas e, sobretudo, externas, onde, com freqüência, as potenciais inovações ficam presas na teia das modas. O que faz com que se transmutem em fórmulas ou receitas que lhes fazem perder todo o seu potencial de mudança. O que pode acontecer com os projetos de trabalho, quando se reduzem a uma fórmula didática baseada numa série de passos: levantamento do tema, perguntar o que os alunos sabem e o que querem saber, fazer o índice, trazer diferentes fontes de informação e copiar o referente aos pontos do índice..., com o que se dilui a concepção da educação que contém e suas possibilidades de repensar a educação.

Com esses esclarecimentos, convido o leitor a adentrar comigo no contexto, nos nomes e numa possível caracterização dos projetos de trabalho, sempre em relação à visão da Escola e da educação com a qual estão vinculados.

A importância de assinalar um ponto de partida

Com freqüência, são ouvidos comentários de educadores, formadores ou políticos que são reflexo de uma crença: fala-se da mesma coisa quando se utilizam as mesmas palavras, por isso nada é novo e quase tudo já foi dito em Educação. Essa perspectiva, muitas vezes interessada em desprestigiar uma inovação ou uma proposta formativa, permite tantas contra-réplicas que, por evidentes, quase não valeria a pena assinalá-las. Bastaria chamar a atenção sobre a confusão entre significado-significante que encerra essa afirmação. No entanto, para não responder sem argumentos, vou dar alguns exemplos.

Se as palavras fossem usadas só num sentido, o significado de qualidade de ensino do qual falam, como objetivo político, as autoridades educativas, seria o mesmo que reivindicavam as organizações de docentes ou as vozes que reclamam uma Escola que favoreça a eqüidade e o equilíbrio social.

Se, ao utilizar o mesmo termo, se dissesse o mesmo, não se precisaria reconhecer que é necessário esclarecer alguns dos significados do construtivismo (Coll, 1996), conceito sobre o qual, além disso, podemos ver utilizado com outros sentidos, como o faz Gergen (1995), a partir de socio-construtivismo, ou Kincheloe (1993), ao referir-se ao construtivismo crítico. Tampouco se referem à mesma coisa Mulcaster (1530-1611), quando defendia que os professores tinham que se adaptar às diferenças dos alunos, a Lei Geral de Educação espanhola, de 1970, que preconizava um ensino individualizado, ou a atual abordagem da diversidade cultural na sala de aula.

Como último exemplo, poderíamos tomar o caso da Escola Dalton de Nova York, fundada por Elizabeth Parkhurst, em 1919, e que hoje continua com a mesma denominação, mas com um projeto educativo que se adaptou a estes tempos. Ainda que utilize o mesmo nome, ninguém poderia atribuir-lhe que os trabalhos que realizam e que moldam em suporte multimídia respondam a uma moda do momento (Sancho, 1993). Na realidade, é uma Escola que, desde seus princípios de fundação, tenta readaptá-los de maneira constante à situação social, aos processos de pesquisa dos alunos e aos novos meios disponíveis para aprender.

Essas são algumas mostras que evidenciam que, quando se utilizam os mesmos termos, não se está dizendo a mesma coisa e que, com o mesmo raciocínio, nem tudo já foi dito sobre o ensino e a aprendizagem. Se isso fosse assim, as reformas educativas que acontecem hoje seguiriam os mesmos princípios psicopedagógicos e didáticos em todos os países, seria organizado o currículo de uma mesma maneira, e os conteúdos seriam apresentados desde um enfoque universalizador. Por isso, quando se insiste na idéia de que se fala do mesmo, ou que tudo já foi dito sobre ensino e aprendizagem, reflete-se um pensamento totalitário que tenta fazer convergir o pluralismo das idéias e o relativismo das propostas numa só visão: a própria.

O que se falou até aqui aparece por algum assunto tratado neste capítulo: que, na atualidade, quando se trata de aproximar-se do saber escolar, isso deva ser uma maneira radicalmente diferente a como se planejava há 20 anos, quando não existia a síndrome do excesso de informação, ou há 40, quando se pensava que as disciplinas se articulavam por regras estáveis, ou há 80, quando muitos campos disciplinares estavam em fase de definição. Em todos os casos, as circunstâncias sociais, culturais e históricas produzem (e não numa relação de causa e efeito) formas de representação da realidade e respostas aos problemas diferentes. Por isso, ainda que se utilizem expressões semelhantes, não faz referência aos mesmos conceitos. Dizer o contrário indica não só pouco rigor intelectual, mas também uma atitude que pode estar guiada por outras intenções (imaginar sob a capa da homogeneidade, desvalorizar ante o rótulo de falta de novidade...).

Um exemplo do que dissemos pode ser encontrado nas posições que se apreciam diante da utilização que fazemos com referência a "projetos de trabalho". Como assinalei em outro momento (Hernández, 1996) e sustentei junto com outros colegas num debate celebrado na NAEA (Freedmann *et al.*, 1995), não se está dizendo o mesmo por se estar utilizando a expressão "projetos", em diferentes momentos da história da educação.

A realidade e os problemas aos quais se trata de dar resposta não coincidem, agora, com os que enfrentavam Dewey e Kilpatrick, no início deste século, ou Bruner, nos anos 60, ou Stenhouse, nos anos 70. Tampouco nos referimos à mesma coisa que a versão do trabalho por "temas" do currículo inglês, ou aos projetos tal como o apresenta o movimento de ensino para a compreensão da universidade de Harvard (Boix-Mansilla, 1996), ainda que haja aspectos e finalidades nos quais coincidamos.

Dizer que é o mesmo, é criar confusão de maneira deliberada, e ajuda muito pouco os professores que enfrentam alguns dos desafios estabelecidos pela avalanche de informação atual e as mudanças nos saberes disciplinares e que não encontram respostas na organização do Planejamento Curricular, nem nas propostas de seqüenciamentode conteúdos que se lhes oferece. Professores que provêm da tradição dos centros de interesse, do movimento de pesquisa centrado no meio, ou que desenvolveram unidades didáticas seguindo as propostas das diferentes reformas: tais professores sabem que, ainda que haja algumas coincidências, não se está falando da mesma coisa, porque a conceitualização da realidade e do saber escolar da qual se parte é diferente.

Sobre essas semelhanças e diferenças trata o início deste capítulo, que pretende explorar, além disso, diversos sentidos e finalidades da Escola na atualidade, quando é necessário buscar alternativas para os novos problemas enfrentados, essa instituição nesses tempos de mudança nos valores; em tempos de mudança na produção, ordenação e representação da informação; numa época na qual se substitui a imagem pelo mediático, a gestão pública pela privada.

Essas e outras circunstâncias requerem aproximar-se de uma visão sobre o ensino e sobre a aprendizagem escolar que não pode ser reduzida aos princípios da psicologia instrucional de Gagné ou Merrill, ou a uma versão canônica do construtivismo. Esclarecidas, pois, intenções e hipóteses, passemos ao conteúdo deste capítulo.

O hoje não é como o ontem, e o amanhã é incerto

Os projetos de trabalho supõem, do meu ponto de vista, um enfoque do ensino que trata de ressituar a concepção e as práticas educativas na Escola, para dar resposta (não "A resposta") às mudanças sociais, que se produzem nos meninos, meninas e adolescentes e na função da educação, e não simplesmente readaptar uma proposta do passado e atualizá-la.

Para argumentar essa afirmação, vou começar com uma citação de Julia Varela e Fernando Alvarez (1991, p. 280), na qual se reflete o ponto de partida, o "lugar" do qual me parece necessário mover-se:

> "A Escola é uma instituição que consta de uma série de peças fundamentais, entre as quais se sobressaem o espaço fechado, o professor como autoridade moral, o estatuto de minoria dos alunos, e um sistema de

transmissão de saberes intimamente ligado ao funcionamento disciplinar. Desde os colégios jesuítas até a atualidade, essas peças estão presentes na lógica institucional dos centros escolares, tanto públicos como privados. Sem dúvida, sofreram retoques, transformações e até metamorfoses, mas as escolas continuam hoje, como ontem, privilegiando as relações de poder sobre as de saber."

Esta citação poderia ser completada com outras, como a de McClintock (1993), destacada no prólogo. Se levamos em conta que essa possa ser a "foto" que, com mais ou menos variações, representa a maioria de nossas escolas, deveríamos pensar que, quando falamos de projetos, o estamos fazendo porque supomos que possam ser um meio que nos ajude a repensar e a refazer a Escola. Entre outros motivos, porque por meio deles, estamos tentando reorganizar a gestão do espaço, do tempo, da relação entre os docentes e os alunos, e, sobretudo, porque nos permite redefinir o discurso sobre o saber escolar (aquilo que regula o que se deve ensinar e como se deve fazê-lo).

Por que essa necessidade de proposta de mudanças para reorientar a função da Escola e o conteúdo do saber escolar? Porque os "tempos estão mudando", e não precisamente na direção que imaginava Bob Dylan. Num número recente da revista *Time International* (Bird, 1996) apareciam as seguintes evidências que apontavam uma das direções da mudança que afeta a educação escolar.

"Cada dia se guardam aproximadamente 20 milhões de palavras de informação técnica. Um leitor capaz de ler 1.000 palavras por minuto necessitaria um mês e meio, lendo oito horas por dia, para poder ler a informação recolhida num só dia. O que significa que as possibilidades de acesso à informação vão além do professorado e dos livros-texto."

"Produziu-se mais informação durante os últimos 30 nos do que nos últimos 5.000. Mais de 9.000 revistas são publicadas a cada ano nos Estados Unidos, e quase 1.000 livros se publicam a cada dia no mundo. O que quer dizer que é necessário aprender a selecionar a informação que se produz e da qual dispomos."

"A edição do fim-de-semana de *The New York Times* contém mais informação do que a que uma pessoa média poderia ter acesso ao longo de sua vida na Inglaterra no século XVII. O que leva a estabelecer-se como ensinar a interpretar a informação e relacioná-la criticamente com outras fontes."

Essa mudança em relação à informação que se produz já foi apontada no capítulo anterior, aparece agora, de novo, a partir de novas evidências, como um chamado ao qual a Escola deve responder.

A importância de pensar sobre as diferenças

> "As coisas que tomamos por hipóteses, sem questioná-las ou refletir sobre elas, são justamente as que determinam nosso pensamento consciente e decidem nossas conclusões". John Dewey (1916). *Democracy and Education*. New York, p.18.

No Congresso da Associação Norte-Americana de Educação Artística, numa mesa-redonda sobre a interdisciplinaridade, esbocei alguns problemas em torno da noção de globalização e sua relação com as práticas escolares. Quase no final do debate, Elliot Eisner propôs uma pergunta que, com enunciados similares, ouvi e li nos últimos anos, ao falar de projetos de trabalho: "Em que se diferenciam as formulações e as práticas atuais dos projetos daquelas que foram propostas em outras épocas?"

Como uma primeira resposta, apontamos algumas diferenças de contexto tais como: interdependência entre países e culturas; um desenvolvimento tecnológico que permite trabalhar com múltiplas fontes e sistemas de informação; as concepções psicopedagógicas sobre a aprendizagem e o ensino; a relação entre o saber das disciplinas e o conhecimento escolar e a função social da Escola.

Para aprofundar-nos nessa diferenças, proponho explorá-las e apontar alguns aspectos comuns em três épocas nas quais os projetos (com nomes e referências diferentes) adquiriram relevância. Não pretendo com isso estabelecer uma defesa dos projetos, pois, parafraseando o que, em 1934, escrevia Martí Alpera, num artigo sobre o Método de Projeto, "um professor pode ser um bom professor e desenvolver um trabalho meritíssimo, sem levar adiante essa ou outras inovações". Tampouco quero dogmatizar sobre o que "são" ou "devam ser" os projetos de trabalho ou cair numa atitude pós-moderna que aceita o que se apresenta como novo, sem questionar sua origem. Persigo a idéia de explorar alguns significados que os projetos de trabalho adquirem em diferentes épocas e argumentar o valor que possa ter hoje organizar os conhecimentos e a Escola desde as concepções e da atitude diante do aluno e do saber presentes na maneira de levar à classe os projetos de trabalho.

Os projetos e seus significados na história da escolaridade

A Escola e as práticas educativas fazem parte de um sistema de concepções e valores culturais que faz com que determinadas propostas tenham êxito quando "se conectam" com algumas das necessidades sociais e educativas. Os projetos podem ser considerados como uma prática educativa que teve reconhecimento em diferentes períodos deste século, desde que Kilpatrick, em 1919, levou à sala de aula algumas das contribuições de Dewey. De maneira especial, aquela em que afirma que "o pensamento tem sua origem numa situação problemática" que se deve resolver mediante uma série de atos voluntários. Essa idéia de solucionar um problema pode servir de fio condutor entre as diferentes concepções sobre os projetos.

Métodos de projetos, centros de interesse, trabalho por temas, pesquisa do meio, projetos de trabalho são denominações que se utilizam de maneira indistinta, mas que respondem a visões com importantes variações de contexto e de conteúdo. No entanto, não deve surpreender essa diversidade quando se fala de uma nova prática educativa. Já em 1934, um autor americano registrava ao menos 17 interpretações diferentes do método de projetos (Martí, 1934). Isso acontece porque o conhecimento e a experiência escolar não são interpretados pelos agentes educativos, ao contrário do que desejariam alguns reformadores e especialistas, de maneira unívoca.

Os anos 20: O método de projetos para aproximar a Escola da vida diária

Em 1931, Fernando Sáinz, um professor dos movimentos renovadores espanhóis, enunciava, em forma de perguntas, um componente central do Método de Projetos. "Por que não aplicar à Escola Fundamental o que se faz na esfera dos negócios ou no ensino superior especializado? Por que não organizar a Escola seguindo um plano de tarefas análogo ao que se desenvolve fora, na casa, na rua, na sociedade?" O que se pretende é que o aluno *não sinta diferença entre a vida exterior e a vida escolar.* Por isso, os projetos devem estar próximos à vida.

Esse propósito se tornará viável a partir da noção de atividade (oposta à idéia de recepção passiva) como princípio que rege uma nova Escola (ativa) na qual as crianças "entram em contato, de uma forma mais organizada, com a herança da sociedade na qual vivem, e aprendem da participação em experiências de trabalho e da vida cotidiana" (Torres, 1994, p. 20 e seguintes). Esse enfoque se opunha ao de uma Escola compartimentada que, em 1910, Dewey descreve oprimida "pela multiplicação de matérias, cada uma das quais se apresenta por sua vez sobrecarregada de fragmentos desconexos, só aceitos baseando-se na repetição ou na autoridade".

Temos, assim, um esboço de algumas das idéias que sustentam essa primeira versão dos projetos:

– partir de uma situação problemática,
– levar adiante um processo de aprendizagem vinculado ao mundo exterior à Escola, e

– oferecer uma alternativa à fragmentação das matérias. Ao que se deve unir as quatro condições que Dewey (1989, pp. 184-185) atribui ao que denomina "ocupações construtivas" que, assinala, "foram ganhando espaço na sala de aula da Escola e são conhecidas como projetos":

a) *o interesse do aluno,* ainda que seja fundamental, não basta, se não se define que tipo de objetivo e atividade contém;

b) atividade que deve ter algum *valor intrínseco.* O que quer dizer que *devem ser excluídas as atividades meramente triviais, as que não têm outra conseqüência do que o prazer imediato que produz sua execução;*

c) a terceira condição é que, no curso de seu desenvolvimento, o projeto apresente *problemas que despertem nova curiosidade,* criem uma demanda de informação e a necessidade de continuar aprendendo;

d) por último, deve-se levar em conta que, para a execução de um projeto, deve-se contar com uma considerável *margem de tempo.*

A partir desses princípios, e seguindo Dewey, o Método de Projetos *não é uma sucessão de atos desconexos, e sim uma atividade coerentemente ordenada, na qual um passo prepara a necessidade do seguinte, e na qual cada um deles se acrescenta ao que já se fez e o transcende de um modo cumulativo.*

Desde seu início, considera-se que não há uma única maneira de realizar o Método de Projetos. Sáinz distingue quatro possibilidades:

a) globais, nas quais se fundem todas as matérias desenvolvendo projetos complexos em torno de núcleos temáticos como a família, as lojas, as cidades;

b) por atividades: de jogo, para adquirir experiência social e na natureza e com finalidade ética;

c) por matérias vinculadas às disciplinas escolares e

d) de caráter sintético. Fala-se também de projetos simples e complexos, relacionados com as matérias ou com a experiência próxima, breves ou extensos.

Já então não eram estranhas as críticas ao Método de Projetos. As mais relevantes foram apresentadas pelos defensores de uma exposição lógica e sistemática das matérias frente aos enamorados pela redação de projetos desconexos e heterodoxos (Sáinz, 1931, pp. 78-79). Esses detratores fixavam sua crítica em que, com os projetos, deixavam de ser solicitados conteúdos, não se realizava um trabalho sistemático e se perdia o "rigor lógico" das matérias disciplinares.

Outra crítica é relacionada com a intenção dos projetos de superar os limites das disciplinas e chamava a atenção sobre a *misturança caótica* que tal ação podia produzir. Também se lhes acusava de influir na organização da Escola, fazendo com que *deixe de existir uma ordenação geral que presida toda a vida da Escola.*

A essas críticas, algumas delas ainda vigentes, e que aparecem quando nos referimos aos projetos de trabalho, responde Sáinz, dizendo: "o projeto é, sobretudo, uma reforma de ordem metodológica que não se impõe ao professor nem à Escola, mas, sim, ao contrário, quando o professor deduz a maneira de conseguir a instrução de seus alunos, é uma questão dada, inventa livremente um projeto" (p.80).

A partir da Segunda Guerra Mundial, a racionalidade tecnológica segundo a qual tudo tem uma seqüência e uma resposta lógica, motivo pelo qual faz falta planejar os recursos necessários para o fim que se perseguir, configurou-se como ideologia dominante no Ocidente. Esse movimento favoreceu o êxito do condutismo e da psicometria como práticas científicas que davam sentido a essa forma de racionalidade. Ambas, e a nova situação sócio-econômica, influíram poderosamente na educação durante mais de 30 anos. Essa situação fez com que muitas das idéias e iniciativas apontadas ficassem congeladas no imaginário educativo. No entanto, voltarão a emergir na etapa seguinte, quando as promessas oferecidas por essa visão tecnológica não se cumpram e as mudanças dos anos sessenta exijam novas alternativas sociais e educativas.

Os anos 70: O trabalho por temas e a importância das idéias-chave

> "Considero-me mais um vagabundo intelectual do que um acadêmico especialista e disciplinado. Em alguns momentos, pensei que teria vivido melhor no século XVII, quando o normal era seguir a própria curiosidade, e não a linha reta do estudo especializado" Jerome Bruner (1985). *Cuadernos de Pedagogía*, 121, p.12.

A partir da metade dos anos 60, produz-se um segundo fluxo de interesse pelos projetos. Nesse caso, com o nome de *trabalho por temas*. A bonanza e a expansão econômica, a Guerra Fria e uma série de conflitos sociais coincidem com o êxito, nos Estados Unidos, das idéias de Piaget sobre o desenvolvimento da inteligência e o papel que, nesse processo, ocupa a aprendizagem de conceitos. A pergunta que surgiu, uma vez reconhecida a importância do desenvolvimento conceitual, foi *que conceitos ensinamos e com que critérios os selecionamos?* Nesse contexto, Bruner (1960, 1965) estabeleceu que o ensino deveria centrar-se em facilitar o desenvolvimento de conceitos-chave a partir das estruturas das disciplinas. Os projetos ou o trabalho por temas constituíram uma alternativa para abordar essa proposta na sala de aula.

A noção de conceito-chave era uma metáfora que abria o caminho para delimitar uma série de eixos conceituais a partir dos quais se poderia facilitar a compreensão e a aprendizagem das disciplinas e dar pautas para escolher os materiais que podiam contribuir para melhorar o ensino. Esse interesse levou à outra noção, a de "estrutura das disciplinas". Cada matéria tem uma série de conceitos característicos, que os especialistas se apressaram a definir (por exemplo, continuidade e mudança em história, a vida na biologia, etc.), que permite organizar os conteúdos do ensino. O passo seguinte será explicitar os procedimentos de pesquisa das disciplinas, para que o aluno, ao conhecê-los, possa aplicá-los e transferi-los, continuando assim a aprender em outras situações.

Essa visão dos projetos dá ênfase a "que" ensinar e os situa num currículo interdisciplinar, dado que é possível verificar que várias disciplinas têm conceitos-chave comuns. Esses conceitos, vinculados a um tema, começaram a articular-se e a seqüenciar-se como forma de levar à classe o planejamento apontado por Bruner. O projeto sobre *O homem, um curso de estudo*, o trabalho de Hilda Taba denominado *Currículo de Ciências Sociais* ou o *Currículo de Humanidades*, de Stenhouse, ainda que com intenções diferentes, serviram de exemplos para um movimento que se estendeu, sobretudo, por países que não estavam determinados por um Currículo Nacional. O leitor interessado pode encontrar em Bonafé (1991) e Torres (1994) um resumo desses projetos.

Bruner desenvolveu também outra idéia influente nesse contexto, a do *Currículo em Espiral*. Isso quer dizer que o primeiro encontro dos alunos com as idéias-chave se realiza de uma maneira primitiva. Depois, durante a escolaridade, irá abordá-las de maneira cada vez mais complexa. Se o professor lhe facilita os materiais e as atividades adequadas, o aluno, em cada nova aproximação, pode desenvolver um nível mais elaborado de compreensão. O que o docente deve ensinar será, sobretudo, conceitos e estratégias, sem perder de vista que as estruturas das disciplinas podem ser ensinadas a qualquer idade.

O ensino através de temas servirá como mediador para ir além das disciplinas, facilitando aos alunos a aprendizagem de conceitos e estratégias vinculadas a experiências próximas e interessantes para eles. Os professores, sobretudo do Ensino Fundamental, vão encontrar, nesse enfoque, eixos para ordenar as matérias que tinha que ensinar sem ser especialista (Gunning *et al.*, 1990, pp. 19ss). Em seu início, o currículo por temas se referia às áreas de história, geografia e ciências sociais e ocupava entre três e 10 horas semanais. Essa impressão permanece na cultura escolar de muitos docentes e se manifesta quando propõem que os projetos de trabalho só servem para ensinar temas relacionados com a área de Conhecimento do Meio Social e Natural.

Desde a distância cabe perguntar-se por que essa proposta atraiu o interesse dos educadores. Efland (1997) assinala uma série de razões que podem facilitar a compreensão dessa influência. Em primeiro lugar, esse enfoque manifestava que a aprendizagem nas primeiras idades preparava para a aprendizagem posterior. O que significava uma mudança importante na consideração acumulativa do currículo e no que se podia ensinar no Ensino Fundamental. Em segundo lugar, propugnava que qualquer matéria podia ser ensinada de maneira efetiva em qualquer etapa de desenvolvimento. Isso implicava uma revolução nas concepções tanto do aluno como aprendiz como dos conteúdos de ensino. Por último, dava ênfase à organização do currículo a partir de idéias chave e estruturas das disciplinas, levando em conta a maneira de representar essas idéias partindo de uma perspectiva de desenvolvimento.

Mas a porta que abriam as propostas de Bruner e de outros autores deixava entrar uma série de interrogações que, com o tempo, questionariam alguns aspectos desse enfoque do currículo. Por exemplo, que muitas idéias-chave não podem ser representadas mediante formas simples para que os alunos as aprendam, nem este pode compreendê-las se não tiver uma base organizada de conhecimentos. Além disso, não se levou em conta as diferenças entre as disciplinas, e se tomou como único guia a estrutura das Ciências. A visão de Bruner não explicava por que, muitas vezes, não se aprende ou se produzem interpretações inadequadas, ou custa tanto transferir de uma situação a outra um conhecimento que parece aprendido. Mas, sobretudo, essa visão confundia aprendizagem com desenvolvimento e os conteúdos disciplinares com a escolaridade.

Quando essas idéias e projetos foram levados à prática, sobretudo nos países de língua inglesa, alguns países da América Latina continuavam influenciados pela corrente tecnológica ou tratavam, como no caso da Espanha, de impulsionar iniciativas que tentavam mudar a Escola e instaurar a democracia. O ensino por Centros de Interesse, a pesquisa do meio, as idéias de Freinet e a aproximação das distintas matérias à experiência dos alunos marcavam a tônica de algumas práticas educativas próximas aos Movimentos de Renovação Pedagógica. Com essa lembrança, as interrogações propostas e o saber que de tudo isso se deriva, passamos à etapa seguinte.

Os anos 80: O auge do construtivismo e os projetos de trabalho

Nos anos 80, dois fenômenos se destacam por sua influência na educação escolar. O impacto da denominada revolução cognitiva na forma de entender o ensino e a aprendizagem e as mudanças nas concepções sobre o conhecimento e o saber derivado das novas tecnologias de armazenamento, tratamento e distribuição da informação.

Esses dois fatos, além do controle da economia por parte dos mercados financeiros, as mudanças nas relações sociolaborais e a revisão do papel do Estado na provisão das necessidades dos cidadãos, vão estabelecer uma série de mudanças na educação escolar e explicam, em parte, por que os projetos voltam a ser objeto de interesse.

Às mudanças sociais anteriores deveria ser acrescentada uma série de perspectivas que restabelecem alguns aspectos em relação a como se pode ensinar e como se aprende na Escola. Dessas perspectivas, talvez a que tenha tido maior eco tenha sido a marcada pela relevância da visão construtivista sobre a aprendizagem e, em particular, a idéia de que o conhecimento existente na aprendizagem exerce uma poderosa influência em como se adquire novo conhecimento.

Um segundo aspecto tem a ver com a importância que se dá ao contexto de aprendizagem e a situar os conteúdos em relação à cultura na qual se deverá utilizar. O que levou também a estabelecer a importância de "situar" o que se ensina para facilitar sua aprendizagem.

Um terceiro indicador é resultado da pesquisa sociocultural que manifestou o valor que, para favorecer a aprendizagem, tem a criação de um marco de participação e interação, não só entre os alunos, mas também com a comunidade.

Por último, e essa lista não pretende ser exaustiva, pois poderia incluir a influência das mudanças na noção de inteligência (em particular a noção de Gardner de "inteligências múltiplas"), destacar o papel que hoje têm as denominadas estratégias metacognitivas como forma de pensar sobre o processo de planejamento, organização e pesquisa sobre a informação, e como reelaboração das decisões e das ações consideradas como importantes no processo de aprendizagem dos alunos.

Tudo dito anteriormente faz com que o conteúdo das disciplinas necessite ser configurado e apresentado por meio de uma variedade de linguagens (verbal, escrita, gráfica e audiovisual) para abrir aos estudantes os processos de pensamento de ordem superior necessários para que compreendam e apliquem o conhecimento a outras realidades. Mediante essa conexão, podem vislumbrar relações conceituais entre as matérias curriculares e ter a oportunidade de transferir a outros contextos. Dessa maneira, a aprendizagem não se contempla como uma seqüência de passos para alcançar uma meta na qual se acumula informação, mas sim como um processo complexo mediante o qual o conhecimento se rodeia e situa para aprendê-lo.

Essa visão, aponta Bruner (1919, p.10), contempla os projetos como uma peça central do que constituiria a filosofia construtivista na sala de aula. Aprender a pensar criticamente requer dar significado à informação, analisá-la, sintetizá-la, planejar ações, resolver problemas, criar novos materiais ou idéias,... e envolver-se mais na tarefa de aprendizagem.

Talvez seja por tudo dito anteriormente, que, em nosso entorno, os projetos tenham tido um certo êxito, já que é fácil conectá-los com os fundamentos psicopedagógicos das propostas curriculares das atuais reformas e a visão globalizadora dos conteúdos que diz possibilitar. No entanto, existem outras versões menos cognitivas e psicologistas da aprendizagem, da escolaridade e dos projetos de trabalho.

Os projetos de trabalho e a necessidade de abordar a complexidade do conhecimento escolar

> "Quando estamos diante de um fato complexo e contraditório, tendemos a decompô-lo em elementos a fim de eliminar o contraditório. Esse modo de proceder, clássico, supõe que explicar seja reduzir. O método de Wallon (esse é seu legado, não uma doutrina ou um sistema) consiste em instalar-se no centro da contradição: em saber de onde esta procede, para onde vai e qual é sua finalidade". René Zazzo (1980), em *Cuadernos de Pedagogía*, 63, p.24.

Algumas dessas visões estão relacionadas com a revisão do sentido do saber escolar e destacam a importância da compreensão da realidade pessoal e cultural por parte de professores e alunos. Em Hernández (1995), assinalei a gênese e as características da visão que fundamenta essa outra maneira de entender os projetos. Em síntese, mediante a atitude relacional que neles se busca, pretende-se:

a) estabelecer as formas de "pensamento atual como problema antropológico e histórico chave" (Morin, 1993, p. 72);

b) dar um sentido ao conhecimento baseado na busca de relações entre os fenômenos naturais, sociais e pessoais que nos ajude a compreender melhor a complexidade do mundo em que vivemos e

c) planejar estratégias para abordar e pesquisar problemas que vão além da compartimentação disciplinar.

Por tudo isso, os projetos de trabalho e a visão educativa à qual se vinculam convidam a repensar a natureza da Escola e do trabalho escolar, pois requerem uma organização da classe mais complexa, uma maior compreensão das matérias e dos temas em que os alunos trabalham, o que faz com que o docente atue mais como guia do que como autoridade. Considerados dessa maneira, os projetos podem contribuir para favorecer, nos estudantes, a aquisição de capacidades relacionadas com:

– a autodireção: pois favorece as iniciativas para levar adiante, por si mesmo e com outros, tarefas de pesquisa;

– a inventiva: mediante a utilização criativa de recursos, métodos e explicações alternativas;

– a formulação e resolução de problemas, diagnóstico de situações e o desenvolvimento de estratégias analíticas e avaliativas;

– a integração, pois favorece a síntese de idéias, experiências e informação de diferentes fontes e disciplinas;

– a tomada de decisões, já que será decidido o que é relevante e o que se vai incluir no projeto;

– a comunicação interpessoal, posto que se deverá contrastar as próprias opiniões e pontos de vista com outros, e tornar-se responsável por elas, mediante a escrita ou outras formas de representação (Henry, 1994. p. 49).

Todas essas capacidades podem ser transferidas para problemas reais e contribuir para um melhor conhecimento pessoal e do entorno, além de favorecer uma preparação profissional mais flexível e completa. Essa orientação pretende favorecer experiências de compreensão nos alunos.

A pesquisa sobre a compreensão

Diferentemente do que acontecia com a Psicologia de orientação condutista, a Psicologia cognitiva de caráter construtivista trata de compreender as funções mentais de ordem superior em termos de processo e de construção simbólica (Bruner, 1990; Prawat, 1996). Essas funções desempenham um papel estratégico em como a mente se relaciona com a informação e em como, mediante processos de interação social, a vai transformando em conhecimento pessoal.

A influência de Vigotsky é fundamental nesse planejamento, na medida em que esse autor destacou a importância das relações sociais no desenvolvimento das atividades mentais complexas e o papel que os marcos de internalização, de transferência e da zona de desenvolvimento proximal ocupam no processo de construção do conhecimento.

Partindo desse enfoque, o objetivo de toda aprendizagem é estabelecer um processo de inferências e transferências entre os conhecimentos que se possui e os novos problemas-situações que são propostos. Prawat (1996) estabelece que a capacidade de transferência (que se vincula à compreensão) responde a dois fatores: a organização mental do conhecimento que o sujeito possui e o nível de autoconsciência que tem sobre seu próprio conhecimento. Esses dois fatores fazem com que, no momento de avaliar um processo de aprendizagem de um indivíduo, deva ser levado em conta:
- o *conhecimento base* que possui;
- as *estratégias* que utiliza para aprender e
- sua *disposição* para a aprendizagem.

Em torno dessas três características, tende a organizar-se a problemática da compreensão, que tem, na atualidade, uma destacada importância para a revisão dos planejamentos curriculares no sentido em que os apresentamos neste livro.

Prawat estabelece uma distinção entre uma visão do construtivismo como "resolução prática de problemas" e uma visão centrada na "problematização" como ponto de arrancada para organizar e compreender as possibilidades de cada situação de ensino e aprendizagem.

Diferentemente das visões cognitivas que dão ênfase ao produto final, isto é, na assimilação da informação de maneira eficaz, a proposta de Prawat ressalta a importância do processo de acomodação do conhecimento à situação problemática proposta. Prawat denomina essa perspectiva sobre a construção do conhecimento de *Idea-Based Social Constructivism* (Construtivismo fundamentado em idéias socialmente estabelecidas). Dessa perspectiva, o papel das idéias-chave (Effland, 1996; Hernández, 1996b; 1997c) torna-se essencial para possibilitar uma situação de aprendizagem.

Outra noção que articula a perspectiva da compreensão é a que se denomina *cognição distribuída* (Salomon, 1993). Dessa visão, o conhecimento não é possuído simplesmente pelo indivíduo. O conhecimento existe num intercâmbio entre indivíduos, além dos contextos nos quais estes se encontram. Os grupos sociais e os materiais disponíveis – por exemplo, computadores e livros – fazem parte dos recursos cognitivos de um indivíduo. Ou seja, a cognição está distribuída entre todos os membros do grupo.

A perspectiva da compreensão trata de situar a origem dessas atribuições incompletas, parciais ou errôneas com respeito ao fenômeno estudado. Com isso, o aluno entra num processo de construção do significado sobre o qual pode aprender, que vai além da situação concreta e que se instaura como atitude frente à aprendizagem. O papel do professor é o de intérprete desse processo e de facilitador de novas experiências que "levam" os alunos a outras situações e problemas.

Por que os projetos não são "um método"?

Para que isso aconteça, os projetos de trabalho devem deixar de ser considerados como um "método". Entre os docentes, quando se fala de "método" em relação à prática escolar, ao que se costuma fazer referência é à aplicação de uma fórmula, de uma série de regras. No entanto, em sua concepção filosófica, método se entende como uma maneira concreta de proceder, de aplicar o pensamento, de levar a termo uma pesquisa, etc., com a finalidade de conhecer a realidade, de compreender o sentido ou o valor de determinados fatos, de interpretar corretamente os dados da experiência, de resolver um problema, uma questão... Dito em outros termos, quando utilizamos a noção de método estamos falando (ou silenciando) de uma problemática sobre o conhecer de tal complexidade que, a não ser que com clareza se opte por um reducionismo simplificador, termine-se desfigurando e fechando o problema e as realidades às quais nos aproximamos.

Talvez por acontecer essa simplificação, quando se utiliza o termo método com respeito à aprendizagem da língua escrita, é freqüente ouvir os professores falarem do "método Teberosky ou Ferreiro", ou, em relação à organização dos conhecimentos escolares, do "método de projetos". Em ambos os casos, não se leva em conta a fundamentação, a concepção que tal aproximação representa. Do que se está falando, nesses casos, é de "técnica" enquanto logaritmo, seqüência estável de passos a seguir, ou uma forma de construção do espaço escolar que pode ser utilizada e aplicada a todo tipo de realidades e circunstâncias.

Por que se produz essa tecnificação de uma inovação como a dos projetos, que, nem na versão que seguem alguns docentes (Taba, 1990), se apresenta como uma seqüência regular e compartimentada? Por que se confunde "o exemplo" com a realidade? Por que se diz, sem rubor, que, quando os alunos escolhem o tema, já "estão" na aprendizagem significativa, ou, quando manifestam o que querem saber, já "estão" na zona de desenvolvimento proximal? Como se pode vincular a teoria (que se situa "fora" da prática escolar, ainda que ajude a compreendê-la) com o que acontece na sala de aula de foram tão biunívoca? De onde procede esse confusionismo conceitual e esse, de novo, reducionismo limitante?

Por que um heurístico se transforma numa receita?

Nossa reflexão grupal e nosso trabalho como educadores e formadores nos leva a propor algumas possíveis respostas em torno da transformação dos projetos de trabalho num "método".

a) É o *reflexo de uma crença,* que procede de alguns enfoques educativos, sobretudo tecnológico e instrucional, para os quais a educação escolar se fundamenta num conjunto de regras que, ao segui-las, permite que os alunos aprendam correta e adequadamente.

Esse princípio se baseia no reflexo de alguns dos ideais tecnocráticos da sociedade pós-industrial aplicados à escolaridade. O que implica, sobretudo, manter e defender a preocupação por um resultado final, de acordo com algumas regras previamente estabelecidas. Isso significou levar à Escola os métodos e as soluções propostos, frutos de um método social inspirado no pragmatismo (tenho um problema, que solução devo aplicar-lhe, sem ver as causas do problema) a outros âmbitos da sociedade, como a produção agrícola, as empresas mecanizadas, o exército, etc., sem levar em conta que, na educação escolar, os conhecimentos que nela se "representam" não são culturalmente construídos, e, sobretudo, não são de imediata aplicação, nem se pode obter deles um rendimento quantificável.

b) *É o reflexo da busca de segurança e da ordem no trabalho profissional,* como fruto, talvez, de uma concepção estável e ordenada do mundo e do saber. Isso faz com que falar de método seja uma maneira de "fechar" uma proposta, um enfoque, uma "filosofia" do ensino e uma atividade de vida, transformando-a em "algo" rígido e estático. Na escolaridade, essa rigidez e estabilidade estiveram favorecidas de maneira especial, nesses últimos anos, pela forma de apresentar os conteúdos escolares (o que e deve aprender), desde o modelo de ensino por objetivos até as aplicações das teorias instrucionais das atuais reformas curriculares, pois se apresentam como uma seqüência estável e predeterminada que vai "organizar" a relação entre o ensino e a aprendizagem.

Utilizar a palavra "método" nesse sentido supõe criar a ilusão de que, com isso, se evita a insegurança. Ilusão que se vê reforçada pelas influências das perspectivas educacionais anteriores, e a idéia de que um bom ensino é aquele em que não fica nada "fora" do controle do docente e do planejamento educativo e que garante que cada aluno aprenda o que a normativa oficial e o plano previsto assinalem. Significa evitar transitar por um caminho muito aberto e repleto de incertezas sem avaliá-lo, nem entendê-lo como um caminho que nos ajuda a avançar no conhecimento e que é tão real como a incerteza e imprevisibilidade da própria vida.

Essa ilusão pela segurança leva muitos professores a renunciar a sua própria busca, passando a depender do especialista curricular, que é quem estabelece os conteúdos que serão ensinados, da referência de aprendizagem que se vai seguir, e, sobretudo, da interpretação dos saberes culturalmente estabelecidos que se levam à Escola. O que se reflete na seleção e seqüenciação dos conteúdos que os especialistas nas diferentes didáticas disciplinares apresentam como necessários para ser aprendidos pelos alunos e ensinados pelos docentes.

c) Por essa razão, quando se utiliza a palavra método costuma-se fazê-lo como limitada à *prefixar e predeterminar o que "vai acontecer" na sala de aula*. Estabelece-se, assim um percurso linear, derivado da particular interpretação que um especialista realiza do saber científico que se pode ensinar. Essa linearidade permite a alguns professores dizer, ainda que com isso não utilizem a expressão método, "claro que lhes perguntamos o tema que vamos estudar, e organizamos o índice conjuntamente, mas, depois, ajusto as decisões do alunato para ensinar-lhes o que está estabelecido que devem aprender na programação de curso". Ainda que essa atitude possa ser, para alguns docentes, o início de um processo de mudança, que lhes levará a questionar seu marco de atuação com posteridade, talvez valesse a pena ficar em guarda e não perpetuá-la, com a idéia de que, como já se esteja seguindo "os passos" para realizar projetos, já se tenha compreendido a concepção educativa que os guia.

d) A noção de método supõe também *realizar uma transposição*, que vem acompanhada de uma atitude reduzionista e simplificadora, o que se ensina na Escola tem como referência as contribuições dos saberes culturalmente constituídos e que podem ser reflexo de diferentes tendências epistemológicas e metodológicas, ou destacar umas frente a outras. Quando os problemas refletidos por esses saberes se transformam em conteúdos escolares, submetem-se a um método, que não procede da epistemologia, da Sociologia ou da metodologia dos saberes, e sim que "baixa seu nível", transmudando-os e simplificando-os para adaptá-los à Escola. A finalidade desse "translado" é que o aluno possa entendê-los, com o ânimo de que mais adiante possam realizar inferências e generalizações sobre e a partir deles. O problema é que, nessa mudança de registro, perde-se o contexto, a origem dos conteúdos. Assim, o que o "método escolar" faz é simplificar os problemas, desgarrá-los das situações originárias que inspiram aquilo que se vai ensinar na Escola.

e) Por último, a noção de método também está marcada pela *idéia de moda e de novidade*. Muitas vezes, as inovações que chegam às escolas são geradas em outros lugares culturalmente diferentes ou respondem a necessidades de alguns docentes, não podendo ser adotadas por todos os professores. Entre outras razões, porque não respondem nem a sua trajetória, nem a suas necessidades. No entanto, o princípio de generalização que inspira o cientificismo de muitos planejamentos curriculares levados à educação escolar, sua utilização pelos especialistas e a ideologia reprodutora que criaram leva a que, para boa parte dos professores, "o novo" seja sinônimo de "o bom", "o necessário", o que "deve ser feito", ou "como ensinar". Com isso, se esquece que as inovações, como todos os processos, têm uma história, e que desconhecê-la significa descontextualizá-las e desvirtuá-las. E não há nada mais inadequado, em qualquer campo, da vida cotidiana às decisões políticas e econômicas, do que aplicar soluções, receitas de outros, para problemas que têm uma origem e um diagnóstico diferente.

Tudo dito até aqui responde à idéia de "entender" por que os projetos são considerados como um método e o que essa posição significa na prática de muitos docentes. No entanto, os projetos de trabalho não deveriam ser considerados como um algoritmo, porque:

a) não há uma seqüência única e geral para todos os projetos. Inclusive quando duas professoras compartilham uma mesma pesquisa, o percurso pode ser diferente;

b) o desenvolvimento de um projeto não é linear nem previsível;

c) o professor também pesquisa e aprende;

d) não pode ser repetido;

e) choca-se com a idéia de que se deve ensinar do mais fácil ao difícil;

f) questiona a idéia de que se deva começar pelo mais próximo (a moradia, o bairro, as festas, etc.) da mesma maneira que já não se ensinam primeiro as vogais, depois as consoantes, as sílabas, as palavras, a frase;

g) questiona a idéia de que se deva ir "pouco a pouco para não criar lacunas nos conteúdos";

h) questiona a idéia de que se deva ensinar das partes ao todo, e que, com o tempo, "o aluno estabelecerá relações".

Por tudo isso, como dizia uma professora, "fazer projetos não significa compreender a concepção educativa dos projetos". No bloco seguinte nos dedicaremos à noção de compreensão.

Falamos de projetos de trabalho, ...mas nos interessa o ensino para a compreensão e a mudança da Escola

Quando começamos a levar para a Escola a organização do currículo por projetos não foi para encontrar e aplicar uma alternativa didática aos centros de interesse. Como assinalei no início desta história, questionamos o modo como se estava ensinando nas escolas ativas, o que nos levou a pensar no que podia significar que os alunos aprendessem de uma maneira globalizada. Mas também tínhamos presente algumas colocações da Psicologia, da Sociologia e da Antropologia que destacam a importância que, na construção do conhecimento escolar e pessoal, têm a biografia, a construção da subjetividade e os significados culturais com os quais se dá sentido à realidade. Essas referências reclamavam repensar a Educação e a Escola para favorecer a compreensão dos alunos de si mesmos e do mundo que lhes rodeia. Vamos explorar mais detidamente esse ponto de partida.

Na cultura contemporânea, uma questão fundamental para que um indivíduo possa "compreender" o mundo em que vive é que saiba como ter acesso, analisar e interpretar a informação. Na educação escolar (desde a Escola infantil até a universidade), supõe-se que se deva facilitar esse aproveitamento, num processo que começa, mas que nunca termina, pois sempre podemos ter acesso a formas mais complexas de dar significado à informação. O que nos leva a formas mais elaboradas e relacionais de conhecimento da realidade e de nós mesmos.

Esse caminho que vai da informação ao conhecimento pode ser realizado por diferentes vias, ou seguindo diversas estratégias (não utilizamos esse termo no mesmo sentido do que se conhece por estratégias de aprendizagem, ou seja, como via prefixada, ou treinamento cognitivo). Umas das mais relevantes seria a consciência do indivíduo sobre seu próprio processo como aprendiz. Consciência que não se estabelece no abstrato e seguindo princípios de generalização, mas sim em relação com a biografia e a história pessoal de cada um e cada uma. Nesse processo, as relações que se vão estabelecendo com a informação se realizam à medida que esta "vai sendo apropriada" (transferindo, pondo em relação, ...) em outras situações, problemas e informações, a partir de, entre outros possíveis caminhos e opções, reflexão sobre a própria experiência de aprender.

Para chegar a essa tomada de consciência individual, são de importância capital o processo interativo que tem lugar no grupo-classe e o papel mediador e facilitador do docente.

Dado que esse processo baseado no intercâmbio e na interpretação da atitude para com a aprendizagem de cada aluno seja singular (ainda que não único), não pode ser reduzido a uma fórmula, a um método ou a uma didática específica. Só pode ser abordado a partir de um olhar diferente sobre a realidade escolar e de outra maneira de aproximar-se do conhecimento que se constrói na Escola.

Ensinar mediante projetos não é fazer projetos

Chegando a esse ponto, podemos dizer que os projetos de trabalho fazem parte de uma tradição na escolaridade favorecedora da pesquisa da realidade e do trabalho ativo por parte do aluno. Por isso, é estranho que, em certas ocasiões, confunda-se, pareça ser o mesmo que o que se persegue em outras modalidades de ensino como uma Unidade Didática, um Centro de Interesse ou um Estudo Ambiental. Há uma série de características que podem ser consideradas comuns e que identificamos no seguinte quadro:

Quadro 3.1 - O que têm em comum os projetos de trabalho com outras estratégias de ensino

- Vão além dos limites curriculares (tanto das áreas como dos conteúdos).
- Implicam a realização de atividades práticas.
- Os temas selecionados são apropriados aos interesses e ao estado de desenvolvimento dos alunos.
- São realizadas experiências de primeira mão como visitas, presença de convidados na sala de aula, etc.
- Deve ser feito algum tipo de pesquisa.
- Necessita-se trabalhar estratégias de busca, ordenação e estudo de diferentes fontes de informação.
- Implicam atividades individuais, grupais e de classe, em relação com as diferentes habilidades e conceitos que são aprendidos.

Essas características estão presentes, de uma maneira ou de outra, nessas modalidades de ensino, porque se encontram numa tradição educativa que recolhe propostas da Escola Nova relacionadas com o papel da atividade e do estudo do próximo. Vincula-se a Dewey e à sua idéia da importância da aprendizagem conceitual. Relaciona-se com Bruner e sua proposta de currículo em espiral, a partir do ensino das idéias-chave.

Esses são os antecedentes e as referências em comum de todas essas modalidades de ensino. Vem daí que, com freqüência, os professores comentem que os projetos não são nada novo, ou que são simplesmente uma moda para nomear o que já se está fazendo. Se alguém me pedisse uma caracterização mais específica e diferencial dos projetos de trabalho, lhe daria uma resposta, em termos da seqüência geral, do possível algoritmo que observo que seguem muitos docentes que dizem realizar projetos.

Quadro 3.2 - Primeira caracterização de um projeto de trabalho

- Parte-se de um tema ou de um problema negociado com a turma.
- Inicia-se um processo de pesquisa.
- Buscam-se e selecionam-se fontes de informação.
- Estabelecem-se critérios de ordenação e de interpretação das fontes.
- Recolhem-se novas dúvidas e perguntas.
- Estabelecem-se relações com outros problemas.
- Representa-se o processo de elaboração do conhecimento que foi seguido.
- Recapitula-se (avalia-se) o que se aprendeu.
- Conecta-se com um novo tema ou problema.

O que aparece como distintivo, nessa hipotética seqüência, é que a aprendizagem e o ensino se realizam mediante um percurso que nunca é fixo, mas serve de fio condutor para a atuação do docente em relação aos alunos. Tê-lo presente serve de ajuda, de pista de referência sobre o que significa um projeto quanto a diálogo e negociação com os alunos, atitude interpretativa do docente, critérios para a seleção dos temas, importância do trabalho com diferentes fontes de informação, relevância da avaliação como atitude de reconstrução e transferência do aprendido...

Mas, se quisermos ir além das aparências, podemos seguir outra rota. Diante do desafio que significava dar uma resposta ao que seria o característico de um projeto, comecei a propor essa questão a grupos de docentes com os quais fui tendo ocasião de trabalhar. Uma professora da Escola Infantil comentou: "Sei o que não é um projeto. Talvez possa começar por aí". O que constitui um ponto de partida similar ao que nos acontece na vida diária: sabemos o que não queremos fazer, não o que queremos ser. De seus enunciados e dos de outros docentes, surgiram as seguintes características sobre o que *NÃO É um projeto*:

Quadro 3.3 - Nem tudo que parece ser é projeto

1. Um percurso descritivo por um tema.
2. Uma apresentação do que sabe o professor, que é o protagonista das decisões sobre a informação e que é o único que encarna a verdade do saber.
3. Um percurso expositivo sem problemas e sem um fio condutor.
4. Uma apresentação linear de um tema, baseada numa seqüência estável e única de passos, e vinculada a uma tipologia de informação (a que se encontra nos livros-texto).
5. Uma atividade na qual o docente dá as respostas sobre o que já sabe.
6. Pensar que os alunos devam aprender o que queremos ensinar-lhes.
7. Uma apresentação de matérias escolares.
8. Converter em matéria de estudo o que nossos alunos gostam e o que lhes apetece.

A lista poderia ser, sem dúvida, mais extensa, e, do meu ponto de vista, constitui as características de algumas das modalidades de ensino apontadas. Mas nos serve como contrapartida para tentar responder o que PODERIA SER um projeto. Dizer "poderia" não é uma estratégia retórica, e sim uma atitude que tenta manter uma certa coerência com a noção de conhecimento, de ensino e de aprendizagem que "circula" pelo que pretende servir sobretudo de marcos para orientar-se num itinerário que, inevitavelmente, irá sendo construído em cada contexto. De maneira expressa, evita-se cair no decálogo, para escapar desse ar fundamentalista que impregna tantos "deveria ser" que circulam na educação escolar.

Quadro 3.4 - O que poderia ser um projeto de trabalho

1. Um percurso por um tema-problema que favorece a análise, a interpretação e a crítica (como contraste de pontos de vista).
2. Onde predomina a atitude de cooperação, e o professor é um aprendiz, e não um especialista (pois ajuda a aprender sobre temas que irá estudar com os alunos).
3. Um percurso que procura estabelecer conexões e que questiona a idéia de uma versão única da realidade.
4. Cada percurso é singular, e se trabalha com diferentes tipos de informação.
5. O docente ensina a escutar; do que os outros dizem, também podemos aprender.
6. Há diferentes formas de aprender aquilo que queremos ensinar (e não sabemos se aprenderão isso ou outras coisas).
7. Uma aproximação atualizada aos problemas das disciplinas e dos saberes.
8. Uma forma de aprendizagem na qual se leva em conta que todos os alunos podem aprender, se encontrarem o lugar para isso.
9. Por isso, não se esquece que a aprendizagem vinculada ao fazer, à atividade manual e à intuição também é uma forma de aprendizagem.

Vamos nos deter no que implica cada um desses aspectos que caracterizariam os projetos de trabalho.

1. *Um percurso por um tema-problema que favorece a análise, a interpretação e a crítica (como contraste de pontos de vista).* Esse tema-problema pode partir de uma situação que algum aluno apresente em aula, ou pode ser sugerido pelo docente. Em ambos casos, o importante é que o desencadeante contenha uma questão valiosa, substantiva para ser explorada. Tratar de buscar, de saída, a vinculação com as matérias do currículo ou pretender encontrar relações forçadas com aquilo que o docente pensa que os alunos devem aprender significa distanciar-se da finalidade do processo de indagação, que se inicia com a escolha do problema objeto de investigação. Uma vez estabelecido o que e como, a título de hipótese inicial, é conveniente torná-lo público (por exemplo, com um painel na entrada da Escola, onde se apresentam os títulos de projetos que se realizam e o problema que se pesquisa), para que a comunidade educativa participe do processo de pesquisa que o grupo está empreendendo.

2. *Onde predomina a atitude de cooperação e o professor é um aprendiz, e não um especialista* (pois ajuda a aprender sobre temas que irá estudar com os alunos). Dado que, com freqüência, abordam-se questões que também são "novas" para o professor (por que a Terra, sendo tão grande e pesada, não cai no espaço? perguntavam, como início de um projeto, um grupo de alunos da primeira série do Ensino Fundamental, diante da perplexidade da professora, que reconhecia não se ter proposto está pergunta). Trabalhar na sala de aula por projetos implica uma mudança de atitude do adulto. Essa atitude o converte em aprendiz, não só frente aos temas objeto de estudo, e sim diante do processo a seguir e das maneiras de abordá-lo, que nunca se repetem, que sempre adquirem dimensões novas em cada grupo.

3. *Um percurso que busca estabelecer conexões entre os fenômenos e que questiona a idéia de uma versão única da realidade.* A denominada pós-modernidade tem muitas leituras, versões e avaliações, mas há uma constante nos discursos em torno dela: o questionamento da noção de verdade única como uma qualidade essencial de certos fenômenos. Diante disso, emerge a visão de que as representações sobre a realidade são construídas por grupos de indivíduos, não de uma maneira neutra e inocente, mas, sim, como resposta ou conseqüência da implantação de determinadas formas de saber-poder. Essa idéia, que pode parecer complexa para ser abordada nas salas de aula com os menores, pode adquirir matizes diferentes, segundo o problema objeto de estudo. De novo numa turma da 1ª série do Ensino Fundamental, recolheram-se algumas das diferentes interpretações sobre a origem do universo realizadas por diferentes culturas. Em outra turma, também de primeiro ano, perguntou-se por que não havia mulheres artistas, e foram buscadas respostas alternativas, não só nos textos, mas também entre as famílias,

para poder organizar a compreensão que dá sentido à indagação que promove o projeto de trabalho.

4. *Cada percurso é singular e é trabalhado com diferentes tipos de informação.* Essa idéia já foi proposta anteriormente, mas, agora, leva-me a destacar o fato de que os projetos não são uma fórmula que possa ser aplicada de maneira repetida. Cada tema pode surgir numa circunstância diferente: a visita a uma exposição, uma questão apresentada pela imprensa ou pela televisão, um debate na sala de aula, um tema que o professor considere necessário estudar. A problematização do tema é uma tarefa-chave, pois abre o processo de pesquisa. Essa situação leva em conta não só o que os alunos sabem (ou acreditam saber), mas sim o contraste com evidências que questionam e põem em conflito seus pontos de vista. Daí a necessidade das escolas de contar com um centro de recursos, tipo *midiateca*, que se converteria num dos "núcleos-chave" para facilitar a aprendizagem e onde o pessoal que nele trabalhasse necessitaria de uma qualificação que lhe permitisse contribuir para facilitar o trabalho de pesquisa dos alunos e professores.

5. *O docente ensina a escutar: do que os outros dizem também podemos aprender.* O que que se produz na sala de aula, no trabalho do grupo (pois não se deve esquecer que um projeto pode ser abordado por alunos de idades e níveis diferentes) é material de primeira ordem para o desenvolvimento do projeto. A transcrição das conversas, dos debates e sua análise, fazem parte do "conteúdo" do projeto. Com isso, consegue-se que os alunos não só se responsabilizem pelo que "dizem", mas também que levem em conta os outros como facilitadores da própria aprendizagem. Assim, o projeto contribui para a criação de atitudes de participação e reconhecimento do "outro" que transcendem o conteúdo temático da pesquisa que se realiza.

6. *Há diferentes formas de aprender aquilo que queremos ensinar (e não sabemos se aprenderão isso ou outras coisas).* Um dos mitos que reina na educação é que sua finalidade é que os alunos aprendem o que os professores lhes ensinam. Precisamente, a avaliação pretende garantir o recolhimento de evidências sobre o cumprimento dessa premissa. No entanto, qualquer professor reconhece que, na sala de aula, os alunos aprendem de maneiras diferentes, que alguns estabelecem relações com alguns aspectos dos trabalhados em aula e outros se "conectam" a conteúdos diferentes. A relação em aula não é unidirecional e unívoca. Ao contrário, caracteriza-se por sua dispersão e pela reinterpretação que cada estudante faz daquilo que, supostamente, deva aprender. Nos projetos, são essas versões, essas apropriações o que se tenta fazer que aflore. Nos projetos, potenciam-se os caminhos alternativos, as relações infreqüentes, os processos de aprendizagem individuais, porque, deles, aprende o grupo. Daí procede também a importância que adquire a avaliação, como uma

situação que não está separada do próprio projeto e que permite a cada aluno reconstruir seu trajeto e transferi-lo para outras situações.

7. *Uma aproximação atualizada aos problemas das disciplinas e dos saberes.* A seleção dos temas dos projetos se encontra, como foi indicado, mediatizada pela cultura da organização do currículo por matérias disciplinares. Por isso não é de estranhar que propostas que tratam de ensinar por projetos tentem legitimar-se assinalando, em primeiro lugar, inclusive antes de que o projeto se realize, os conteúdos do currículo oficial que serão trabalhados. Isso converte o potencial e a abertura à indagação oferecidos pelos projetos numa caricatura de si mesmos. O currículo disciplinar é uma opção entre as possíveis, mas não a única. Disso já tratamos no capítulo anterior. Por sua vez, o currículo oficial é o reflexo de um campo de interesses, poderes e influências, caracterizado quase sempre por uma formulação dos conteúdos de caráter geral, que podem servir como referência, mas nunca como freio e limite para o processo de aprendizagem. Portanto, o currículo por matérias disciplinares pode servir como ponto de contraste, mas não de guia. Entre outras razões, porque sua organização costuma significar um filtro, alguns limites diante dos problemas que as disciplinas e os saberes se estão propondo na atualidade, à medida que se apresentam como um marco em que os conteúdos se "atulham". Na proposta de programação que propomos (Hernández, 1997), sempre tratamos de "esvaziar" os conteúdos dos projetos, uma vez realizados, e, ao finalizar um período, sempre os alunos abordaram com amplitude os conteúdos oficiais.

8. *Uma forma de aprendizagem em que se leva em conta que todos os alunos podem aprender, se encontram um lugar para isso.* Em nossa experiência, uma das possibilidades apresentadas pelos projetos é que todos os alunos podem encontrar seu papel. Por isso, nos projetos, levar em conta a diversidade do grupo, as contribuições que cada um pode dar, e nos déficits e nas limitações, converte-se numa constante. Mas, além disso, os projetos permitem aprender o não previsto pelos especialistas, que costumam ter uma concepção de ensino mais pendente da organização seqüencial das didáticas específicas do que das possibilidades de aprender dos alunos. Daí que, com freqüência, quando explicamos o desenvolvimento de um projeto, surpreendam-se os professores e, inclusive frente às evidências, neguem que seja possível trabalhar com um grupo o que estão vendo. O que faz pensar que uma das funções da Escola é por freio na aprendizagem dos alunos, propondo-lhes tarefas simples que deverão ser repetidas até o fastio, enquanto que se evita o complexo por considerá-lo difícil ou inadequado. Nos projetos, por princípio, trata-se de enfrentar a complexidade, abrindo portas que expandam o desejo dos alunos por seguir aprendendo ao longo de sua vida. Nessa expansão do conhecimento, cada um dos alunos pode ter um lugar.

9. *Não se esquece de que a aprendizagem vinculada ao fazer, à atividade manual e à intuição também é uma forma de aprendizagem.* Esse último aspecto trata de ser uma chamada de atenção frente à corrente que, influenciada pela Psicologia cognitiva, impera na atualidade e que destaca como prioritária a aprendizagem conceitual, de "ordem superior", mas que deixa de lado a atividade manual e artesanal. Por isso, nos projetos, presta-se atenção à forma, ao modo em que se apresenta o trajeto realizado por um tema ou um problema. E, inclusive, pode ser tema de um projeto a realização do planejamento material de um "objeto" (reconstruindo sua história e seu valor simbólico). Daí que a "apresentação" de um projeto implique recuperar toda uma série de habilidades que nossa cultura tende a menosprezar, mas que é indubitável que dotam os alunos de novas estratégias e possibilidades para dar resposta às necessidades que vão encontrando em suas vidas.

A lista podia não acabar aqui. É provável que, numa próxima publicação, modifiquem-se esses pontos, que agora não constituem um *dever ser* inventado na mesa de um escritório; foram recolhidos e elaborados com os estudantes na universidade e em experiências com docentes que trabalham na Escola Infantil, Fundamental ou Média. O que pretendi foi oferecer pistas que mostrem que não se está falando de um "método" ou de "uma estratégia". Está-se sugerindo uma maneira de refletir sobre a Escola e sua função, que abre um caminho para reposicionar o saber escolar e a função da própria Escola.

Favorecer o ensino para a compreensão como finalidade dos projetos de trabalho

Para insistir em que não se trata de uma metodologia didática, e sim de uma maneira de entender o sentido da escolaridade baseado no ensino para a compreensão, gostaria de apontar algumas de suas implicações. Nessa maneira de conceber a Educação, *os estudantes:*

a) participam num processo de pesquisa que tem sentido para eles e elas (não porque seja fácil ou porque gostem dele) e em que utilizam diferentes estratégias de pesquisa;

b) podem participar no processo de planejamento da própria aprendizagem e

c) são ajudados a serem flexíveis, reconhecer o "outro" e compreender seu próprio entorno pessoal e cultural.

A finalidade do *ensino* é promover, nos alunos, a compreensão dos problemas que investigam. Compreender é ser capaz de ir além da informação dada, é poder reconhecer as diferentes versões de um fato e buscar explicações além de propor hipóteses sobre as conseqüências dessa pluralidade de pontos de vista.

Compreender é uma atividade cognoscitiva e experiencial, de tradução-relação entre *um original*, ou seja, uma informação, um problema, e o conhecimento pessoal e grupal que se relaciona com ela. Essa relação supõe estabelecer caminhos entre o passado e o presente, entre os significados que diferentes culturas outorgam às manifestações simbólicas e às versões dos fatos objetos de estudo.

Implica também níveis de compreensão, pois, ainda que, em termos gerais, tudo seja válido, nem tudo tem o mesmo valor. A compreensão, segundo Perkins e Blythe (1994), "relaciona-se com a capacidade de investigar um tema mediante estratégias como explicar, encontrar evidências e exemplos, generalizar, aplicar, estabelecer analogias, e representar um tema por meio de uma nova forma". A compreensão consiste em poder levar adiante uma variedade de "atuações de compreensão" que mostram uma interpretação do tema e, ao mesmo tempo, um avanço sobre o mesmo.

Essa atitude diante do conhecimento favorece a interpretação da realidade e do antidogmatismo. Esta é, talvez, a conclusão de todo esse percurso, e uma das finalidades do trabalho por projetos. Mas sobreconstitui, do meu ponto de vista, um dos desafios que a educação escolar tem que enfrentar na atualidade. Desafios aos quais tentei responder abrindo o tema a outras relações, com a cultura contemporânea, a revisão dos saberes escolares, a mudança na gestão do tempo e do espaço... O que não é pouco para esses tempos de mudança.

Algumas dúvidas que surgem quando se fala de projetos de trabalho

Como acontecia em épocas anteriores, os projetos não são uma fórmula perfeita que se adapta a todas as ideologias, necessidades e trajetórias profissionais. Vou apontar algumas das críticas ou dúvidas que surgem quando, em seminários de formação ou em assessorias a escolas, tenta-se repensar a educação a partir dos projetos. Tomei-as não para contestá-las, mas sim para relacioná-las com tudo dito anteriormente e como desculpa para introduzir novas interrogações, as quais nos permitam continuar aprendendo.

Com freqüência, os docentes perguntam *se tudo se pode ensinar por meio de projetos*. Isso não deixa de ser uma questão com algo de armadilha, porque nunca a Escola ensina "tudo" (entre outras razões porque o docente não pode ou não sabe "tudo", e por trás dessa crítica continua latente a visão enciclopédica do currículo). Ninguém põe em dúvida que os alunos devem aprender a ler e escrever, calcular e resolver problemas, identificar fatos históricos e artísticos, acidentes geográficos e compreender conceitos científicos. Mas também devem aprender a utilizar um índice, um dicionário, uma enciclopédia (em papel ou multimídia) e um computador. Deverão saber interpretar dados, apresentar argumentos a favor e contra e aprender sobre a natureza do conhecimento do qual se aproximam. O dilema não está só em o que vão aprender, mas também em como o aprendem e contextualizam. Por isso, só estabelecer que *não é necessário que tudo o que é necessário aprender na Escola possa ser organizado como um projeto, mas sim possa ser ensinado como um projeto de trabalho.*

Critica-se também a *incoerência dos projetos no momento do planejamento curricular.* Não se explica como se pode passar de um projeto de Geologia a outro de Nutrição, quando, entre os dois, não pareça existir um nexo condutor lógico. No entanto, as atuais práticas escolares repetem lições ou temas sem que se estabeleça sua vinculação com o desenvolvimento conceitual, a pertinência de seu estudo ou a coerência de sua seqüencialidade, além da seqüência temporal apresentada pelas circunstâncias ou pelo livro-texto. No caso dos projetos de trabalho, a relação entre os temas se estabelece a partir das idéias-chave que se vinculam entre eles e as estratégias de aprendizagem que permitem o desenvolvimento do aluno.

Outra das críticas é que os projetos requerem *um longo período de tempo* para sua realização, se pretendermos organizar um processo coerente de aprendizagem. Esse argumento implica se enfrentar a tensão entre a extensão (quantos temas) e a profundidade (que temas e como se aprendem). Essa tensão, que também aparece em qualquer outra forma de articulação de currículo, implica duas concepções sobre o ensino/ aprendizagem e duas visões sobre o papel da Escola, que, ainda que não opostas, são difíceis de conciliar.

Todas essas críticas devem ser associadas à atitude diante da aprendizagem de muitos docentes e famílias e ao peso de uma cultura educativa para a qual tudo o que não seja uma forma de ensino reconhecível e tradicional seja considerado uma experiência. Os projetos de trabalho implicam um olhar diferente do docente sobre o aluno, sobre seu próprio trabalho e sobre o rendimento escolar. Olhar que tenta, como aponta Morin (1981), colocar o saber-em-ciclo em posição de favorecer um saber enciclopédico e compartimentado.

Algumas coisas que aprendemos com os projetos de trabalho

Os projetos de trabalho constituem um planejamento de ensino e aprendizagem vinculado a uma concepção da escolaridade em que se dá importância não só à aquisição de estratégias cognitivas de ordem superior, mas também ao papel do estudante como responsável por sua própria aprendizagem. Significa enfrentar o planejamento e a solução de problemas reais e oferece a possibilidade de investigar um tema partindo de um enfoque relacional que vincula idéias-chave e metodologias de diferentes disciplinas.

Em conseqüência, costuma ser um planejamento motivador para o aluno, pois este se sente envolvido no processo de aprendizagem. Geralmente, permite ao estudante escolher o tema ou envolver-se em sua escolha. Isso faz com que ele leve adiante a busca, na qual há de recolher, selecionar, ordenar, analisar e interpretar informação. Essa tarefa pode ser realizada de maneira individual ou grupal, e seus resultados deverão ser públicos, para favorecer um conhecimento compartilhado.

A aprendizagem baseada em projetos de trabalho se utiliza, na atualidade, em todos os níveis de ensino: Fundamental e Médio, Ensino Superior, formação inicial, permanente... Apesar de que, entre nós, costume ser realizada nos níveis infantil e fundamental. Pela história da formação dos docentes do Ensino Médio e a articulação departamental dessas Escolas, salvo propostas como a dos créditos de síntese e algumas experiências pontuais, não costumam ser realizados, quando seriam uma interessante alternativa para enfrentar os problemas gerados pela diversidade dos alunos dessa etapa.

Por último, não se deve esquecer o conteúdo das duas referências que confluem na noção de projetos de trabalho. Como assinalei no começo, em algumas profissões um "projeto" implica situar-se num processo não acabado, em que um tema, uma proposta, um desenho esboça-se, refaz-se, relaciona-se, explora-se e se realiza. A noção de "trabalho" provém de Dewey e Freinet e de sua idéia de conectar a Escola com o mundo fora dela. Ambos conceitos unidos colocam o aluno e o docente na busca da "rede de interações que conecta o gênero humano consigo mesmo e com o resto da biosfera", tarefa que não esquece, como assinala Gell-Mann (1995, p. 13), *que todos os aspectos têm influência mútua em grau extremo.* Esse é o saber relacional ao qual, em última instância, se tenta fazer com que os alunos se aproximem mediante os projetos de trabalho.

Uma recapitulação para continuar aprendendo

Os projetos de trabalho se apresentam não como um método ou uma pedagogia, mas sim como uma concepção da educação e da Escola que leva em conta:
- A abertura para os conhecimentos e problemas que circulam fora da sala de aula e que vão além do currículo básico.

- A importância da relação com a informação que, na atualidade, se produz e circula de maneira diferente da que acontecia em épocas recentes; os problemas que estudam os saberes organizados; o contraste de pontos de vista e a idéia de que a realidade não "é" senão para o sistema ou para a pessoa que a defina. Daí a importância de saber reconhecer os "lugares" dos quais se fala, as relações de exclusão que se favorecem e de construir critérios avaliativos para relacionar-se com essas interpretações.
- O papel do professor como facilitador (problematizador) da relação dos alunos com o conhecimento, processo no qual também o docente atua como aprendiz.
- A importância da atitude de escuta; o professor como base para construir com os alunos experiências substantivas de aprendizagem. Uma experiência substantiva é aquela que não tem um único caminho, permite desenvolver uma atitude investigadora e ajuda os estudantes a dar sentido a suas vidas (aprender deles mesmos) e às situações do mundo que os rodeia. Nesse sentido, o diálogo com a gênese dos fenômenos desde uma perspectiva de reconstrução histórica aparece como fundamental.
- A função dos registros sobre o diálogo pedagógico que acontecem na sala de aula e em diferentes cenários, para expandir o conhecimento dos alunos e responsabilizá-los pela importância que tem aprender dos outros e com os outros.
- A organização do currículo não por disciplinas e baseada nos conteúdos como algo fixo e estável, mas sim a partir de uma concepção do currículo integrado, que leve em conta um horizonte educativo (planejado não como metas, mas, sim, como objetivos de processo) para o final da escolaridade básica. Esse horizonte educativo se perfila em cada curso e se reconstrói em termos do que os alunos podem ter aprendido ao final de cada projeto, oficina ou experiência substantiva. O currículo assim se configura como um processo em construção. O que leva ao intercâmbio entre os docentes e a não "fixar" o que se ensina e se pode aprender na Escola de uma maneira permanente.
- Favorece-se a autodireção do aluno a partir de atividades como o plano de trabalho individual, o planejamento semanal ou quinzenal do que acontece na sala de aula.
- Significa que a avaliação faz parte das experiências substantivas de aprendizagem na medida em que permita a cada aluno reconstruir seu processo e transferir seus conhecimentos e estratégias a outras circunstâncias e problemas.

Os projetos assim entendidos apontam outra maneira de representar o conhecimento escolar baseado na aprendizagem da interpretação da realidade, orientada para o estabelecimento de relações entre a vida dos alunos e professores e o conhecimento que as disciplinas (que nem sempre coincidem com o das disciplinas escolares) e outros saberes não disciplinares vão elaborando. Tudo isso para favorecer o desenvolvimento de estratégias de indagação, interpretação e apresentação do processo seguido ao estudar um tema ou um problema, que, por sua complexidade, favorece o melhor conhecimento dos alunos e dos docentes de si mesmos e do mundo em que vivem.

CAPÍTULO IV
A avaliação como parte do processo dos projetos de trabalho

Chegando a este capítulo, vamos enfrentar uma das questões mais controvesas, mas, ao mesmo tempo, mais presentes quando se fala em mudar a relação da Escola com os conhecimentos e com as formas de ensiná-los e aprendê-los. Na avaliação, é um dos temas nos quais se aprecia com mais clareza o sentido da inovação educativa que implicam os projetos de trabalho.

Quando me refiro a que seja uma das questões mais controvesas, o faço no sentido de que, se uma das finalidades dos projetos é promover formas de aprendizagem que questionem a idéia de verdade única, ao colocar os alunos diante de diferentes interpretações dos fenômenos está-se questionando plenamente a visão da avaliação baseada na consideração da realidade como algo objetivo e estável. Com isso, o papel da avaliação passa a fazer parte do próprio processo de aprendizagem, e não é um apêndice que estabelece e qualifica o grau de ajuste dos alunos com a "resposta única" que o docente define.

Se um projeto de trabalho pressupõe uma elaboração do conhecimento, a partir da relação das fontes, com a informação que os alunos têm (às vezes de maneira fragmentada, outras errônea, com freqüência de senso comum), a avaliação deverá possibilitar essa reconstrução. O papel do professor consistirá em organizar, com um critério de complexidade, as evidências nas quais se reflita o aprendizado dos alunos, não como um ato de controle, mas sim de construção de conhecimento compartilhado.

De onde partimos

Até recentemente, a finalidade da avaliação era proporcionar uma visão retrospectiva (ou pontual) sobre a aprendizagem do aluno e medir o aprendido antes de adentrar-se em séries posteriores ou receber uma qualificação que permitisse um exercício profissional. Como já indicamos (Hernández e Sancho, 1993), partindo de uma perspectiva ampla, entende-se por avaliação a realização de um conjunto de ações encaminhadas para recolher uma série de dados em torno de uma pessoa, fato, situação ou fenômeno, com o fim de emitir um juízo sobre o mesmo. Costuma-se considerar que esse juízo se expressa em função de alguns critérios prévios e com a finalidade de recolher evidências para uma posterior tomada de decisões.

Partindo dessa definição, aparecem duas funções primordiais presentes na avaliação: recapitulação (armazenamento) e seleção social. A avaliação permite, por um lado, que se obtenham evidências sobre o que o indivíduo recorda ou compreende da informação que foi apresentada ou estudada em sala de aula; por outro lado, a avaliação está vinculada à promoção dos estudantes (de uma etapa a outra, de um nível de ensino a outro).

De qualquer forma, na avaliação dos alunos, a partir de distintos modelos pedagógicos e das recomendações realizadas pela administração, destacam-se diversos modos de recolher informação sobre os estudantes assim como os momentos para realizá-las. Partindo dessa premissa, pode-se distinguir três fases no processo de avaliação da aprendizagem dos alunos, que têm distintas funções e implicações. Não é demais recordar essas funções, apesar de muito conhecidas e divulgadas, sobretudo porque não costumam ser levadas em consideração, e continuam orientadas para a avaliação dos resultados, já que se centram na produção de objetos.

Esses três momentos avaliatórios estão presentes nos projetos de trabalho, não como uma fórmula, mas, sim, como uma forma de diálogo do professor com o conhecimento que os alunos vão construindo, e como evidência pública que lhes permite aprender uns dos outros.

Na *avaliação inicial*, pretende-se detectar os conhecimentos que os estudantes já possuem quando começa o curso ou o estudo de um tema. Com ela, os professores podem posicionar-se diante do grupo para planejar melhor seu processo de ensino. Esse tipo de avaliação condiciona, com freqüência, as expectativas posteriores dos professores, pois lhes leva a rotular as possibilidades dos alunos de aprender. No entanto, pode constituir-se numa prática recomendável se for inserida num modelo de ensino e aprendizagem que se estruture a partir do conhecimento de base dos estudantes.

A avaliação inicial deveria tentar recolher evidências sobre as formas de aprender dos alunos, seus conhecimentos prévios (chaves, episódicos...), seus erros e preconcepções. Nesse sentido, os professores poderiam recolher uma informação de grande valor para seu planejamento posterior, mediante a criação de situações de aula nas quais os alunos pudessem expressar-se sobre um determinado problema, responder diante de uma pergunta-chave em relação ao tema a estudar (como se compreende a noção de volume?, a perspectiva é só uma maneira de desenhar a terceira dimensão?, que possibilidades de representação abriu a aquarela?, que significado adquire a noção de arte em alunos da terceira série do Ensino Médio, na Espanha, aos quais se pede que tragam duas ou três imagens que para eles e elas possam ser consideradas como arte?)

A essas perguntas segue o recolhimento de evidências e sua ordenação, ao que seguiria uma observação e avaliação interpretativa (onde se situa o aluno?, o que quer dizer com essa resposta?, é capaz de estabelecer relações?, de que tipo?, todas as respostas são iguais?, podemos ordená-las por níveis de compreensão?, agora, como continuamos?). Levar adiante essa tarefa interpretativa e torná-la pública como fonte de aprendizagem é uma das exigências que propõem os projetos de trabalho, não como uma questão à margem, mas como parte do próprio processo de compreensão.

Assinalar o conhecimento base é conveniente (a partir do planejamento de tarefas de aprendizagem de distintas naturezas: de memória, de resolução de problemas, de compreensão, de tratamento de nova informação, de resolução de situações que os alunos não tenham enfrentado anteriormente), seguindo-se de uma análise dos significados de suas respostas. Tudo isso pode servir de ponto de partida para iniciar um projeto, planejar uma unidade didática ou iniciar um processo de pesquisa.

A *avaliação formativa* é a que se supõe que deveria estar na base de todo processo de avaliação. Sua finalidade não é a de controlar e qualificar os estudantes, mas, sim ajudá-los a progredir no caminho do conhecimento, a partir do ensino que se ministra e das formas de trabalhos utilizadas em sala de aula.

A avaliação formativa implica, para os professores, uma tarefa de ajuste constante entre o processo de ensino e o de aprendizagem para se ir adequando a evolução dos alunos e para estabelecer novas pautas de atuação em relação às evidências sobre sua aprendizagem. Nesse processo, a análise dos trabalhos dos alunos poderia ser realizada não a partir da ótica de se estão bem ou mal realizados, mas sim levando em conta a exigência cognitiva das tarefas propostas, a detenção dos erros conceituais observados e as relações não previstas. Esse momento avaliativo pode utilizar as mesmas estratégias de recolhimento de informação sobre os alunos e ter as mesmas limitações em sua colocação em prática nas Escolas que as assinaladas na avaliação inicial.

Por último, a *avaliação recapitulativa*, oportuna, se apresenta como um processo de síntese de um tema, um curso ou um nível educativo, sendo "o momento" que permite reconhecer se os estudantes alcançaram os resultados esperados, adquiriram algumas das destrezas e habilidades propostas, em função das situações de ensino e aprendizagem planejadas. Na prática, esse tipo de avaliação se associa, sobretudo, com a noção de êxito ou fracasso dos estudantes na aprendizagem e serve como passagem para provar oficialmente os conhecimentos adquiridos. No entanto, centrar-se na função acreditativa da avaliação minimiza a possibilidade de uma avaliação em ciclo que destaque o processo seguido e sirva aos professores para avaliar sua própria tarefa e o progresso ou as dificuldades dos alunos.

Nos projetos, temos observado como alguns professores planejam, na fase de avaliação recapitulativa, situações similares às apresentadas na avaliação inicial, para comprovar se foram mantidas as mesmas concepções ou se foram modificadas. Também temos recolhido atividades de avaliação nas quais se trabalha a transferência dos conhecimentos que se supõe tenham sido aprendidos para outra situação que não se tenha trabalhado, previamente, em sala de aula. Situação que se planeja em termos de hipóteses de trabalho, problema a resolver ou simulação de uma tomada de decisões.

Por último, e essa é nossa própria experiência, concretizamos essa fase da avaliação propondo aos alunos uma reconstrução do processo seguido ou de tomada de consciência do momento em que aprenderam "mais". Nos exemplos de projetos apresentados nos capítulos seguintes, podem ser encontradas mostras de como se levantam evidências do próprio desenvolvimento do projeto para ir ordenando e analisando os atos de conhecimento dos alunos, situar as estratégias de compreensão que os alunos utilizam, assim como as dificuldades que vão surgindo em sua aprendizagem. Tudo isso para, depois, situá-los de acordo com sua complexidade de elaboração cognitiva, de maneira que lhes permita aprender da própria avaliação.

De toda forma, se, com a avaliação, o que se pretende é estimular a capacidade de pesquisa, parece adequado que os estudantes possam aplicar (transferir) os conhecimentos que aprenderam para situações reais e de simulação, e não responder apenas a enunciados verbais, visuais ou numéricos de caráter reprodutivo. Mais do que medir, avaliar implica entender, interpretar e avaliar. Para isso, é necessário uma múltipla "abertura" por parte dos docentes:

– conceitual, para dar entrada na avaliação de resultados não previstos e acontecimentos imprevisíveis;

– investigadora, para dar lugar ao levantamento de evidências tanto do processo como dos resultados;

– metodológica, para introduzir procedimentos informais frente à inflexível estratégia formal, o que implica passar do monismo ao pluralismo metodológico;

– ético-política, para recolher o caminho que vai da avaliação burocrática à democrática. Isso implica reconhecer que os implicados também fazem parte do processo de avaliação, não só como executores, mas também como referenciais do próprio processo seguido e como partícipes das decisões adotadas.

A perspectiva de mudança e a avaliação nos projetos de trabalho

Além de tudo que foi dito anteriormente, a avaliação nos projetos de trabalho leva em conta que, durante a última década, produziu-se uma série de mudanças nas concepções sobre o ensino e a aprendizagem que teve uma série de repercussões importantes no momento de apresentar novas visões e práticas sobre a avaliação. Tais mudanças podem ser configuradas da seguinte maneira:
– da preocupação sobre como recordar informação, passou-se ao interesse sobre como transferi-la a outras situações;
– de destacar a importância de saber aplicar fórmulas previamente aprendidas ou memorizá-las para resolver problemas, passou-se à necessidade de planejar-se problemas e encontrar estratégias para resolvê-los;
– a importância dos resultados se transformou no interesse pelos processos da aprendizagem dos alunos;
– a valorização da quantidade de informação, da recitação de memória e da erudição está dando lugar a destacar a importância do saber como capacidade para buscar de forma seletiva, a ordenar e interpretar informação, para dar-lhe sentido e transformá-la em conhecimento.

Parece importante ressaltar que essas mudanças, de forma mais ou menos explícita, foram reconhecidas pela maioria das propostas de inovação curricular realizadas desde os anos 70. O que nem sempre se reflete na maneira de abordar a organização dos conhecimentos na Escola. Essas propostas prestam uma atenção especial à forma de avaliar a aprendizagem com a finalidade de:
– dar conta e estar em consonância com as finalidades educativas.
– repensar uma prática de avaliação que centrava toda a tensão e o sentido da aprendizagem na atuação dos alunos diante de uma prova ou exame parcial ou final;
– destacar a importância de não confundir a avaliação com a qualificação e a habilitação.

Tudo dito anteriormente conflui na idéia da necessidade de converter a avaliação numa peça-chave do ensino e da aprendizagem que possibilite aos docentes pronunciar-se sobre os avanços educativos dos alunos e, a esses, contar com pontos de referência para julgar onde estão, aonde podem chegar e do que vão necessitar para continuar aprendendo.

Hargreaves (1997) assinala que a avaliação que costumava ser embasada em exames escritos ou provas de papel e lápis e era baseada em juízos só sobre uma gama restrita das inteligências do aluno, agora se complementa com avaliações contínuas, "autênticas", com base em situações reais ou em exposições, às vezes interativas, muitas vezes recolhidas em portfólios, e, com freqüência, envolvendo os estudantes na avaliação de seu próprio progresso, à medida que avançam no curso. Essas práticas de avaliação mais elaboradas também tentam apreender uma mais ampla gama das inteligências dos estudantes.

Ampliando o que se entende como aproveitamento e rompendo o véu do segredo de como se realizam os juízos sobre ele, se vê, muitas vezes, como uma forma de fortalecer os estudantes, especialmente os que tiveram mais dificuldade com as formas convencionais de escolaridade e de avaliação. Ao mesmo tempo, acumulando registros contínuos do progresso dos estudos com sua implicação e das famílias em múltiplos roteiros de estudo, se pode utilizar não só para manter os estudantes ativamente implicados em seu próprio progresso (e, portanto, comprometendo-os em manter seus esforços para alcançar o êxito), mas sim também, para "deixar frios" os estudantes que estão tendo dificuldades com seus estudos, baixando suas expectativas e tendo que assumir por si mesmos, momento a momento, fragmento a fragmento, a natureza e a extensão de seu fracasso.

Neste contexto de mudança nas concepções sobre o ensino e a aprendizagem, aparece uma série de visões sobre a avaliação, como o portfólio, as quais vinculamos aos projetos de trabalho.

Para destacar sua importância, devemos recordar que Barton e Collins (1993) encontraram mais de 200 artigos referentes ao uso desse procedimento para avaliar o ensino e aos estudantes em distintas áreas e matérias escolares. No campo da educação, costuma ser freqüente descontextualizar as propostas e apropriar-se dos artefatos. O caso do portfólio não tem porque ser diferente. No entanto, desde essa contribuição a propagar essa modalidade de avaliação, queremos fazer notar que a utilização dessa estratégia de avaliação requer ou se apoia numa concepção de ensino e de aprendizagem diferente da que costuma ser prática habitual entre nós.

O portfólio como reconstrução do processo de aprendizagem nos projetos de trabalho

O portfólio é uma modalidade de avaliação devedora do campo da arte. Não é essa a primeira vez que o âmbito da Educação apresenta uma relação com o campo da arte mediante uma apropriação e uso de metáforas e analogias que se revelaram frutíferas. No tema concreto da avaliação, no início dos anos 70 Eisner (1977, 1971) já sugeriu a possibilidade de servir-se, no momento da avaliação, de uma estratégia similar à empregada pela crítica no campo da arte. A finalidade dessa forma de avaliação era:

"reeducar a capacidade de percepção, compreensão e avaliação daqueles que participem dos programas ou experiências educativas, oferecendo-lhes um retrato vivo e profundo das situações e processos que definem o desenvolvimento dos programas e dos intercâmbios intencionais e significativos entre os participantes" (Pérez Gómez, 1983, p. 440)

Gardner, por sua parte, introduz o portfólio como estratégia de avaliação do programa de Educação Artística, *Ars PROPEL*, com a finalidade de promover novas estratégias para avaliar o desenvolvimento das inteligências artísticas. A conexão do portfólio com o trabalho dos artistas é explicada por Gardner nos seguintes termos:

"Na vida cotidiana, são os artistas que estão interessados em ingressar numa Escola, ou em competir para obter um prêmio ou uma exposição numa galeria os que montam as pastas (os portfólios) com maior freqüência. Constituídas assim, são coleções dos produtos acabados. Em troca, nossas pastas (portfólios) estão deliberadamente pensadas para serem recordações de 'obras em processo'." Gardner (1994, pp. 83-84).

Arquitetos, desenhistas e artistas recolhem, selecionam e ordenam amostras de sua trajetória profissional para poder apresentá-las em um suporte físico (o portfólio), de maneira que o destinatário possa apreciar os marcos mais significativos de seu percurso, ao mesmo tempo em que adquire uma visão global do mesmo.

No Ensino Fundamental, Médio e Superior, é possível realizar um processo de seleção e ordenação de amostras que reflitam a trajetória de aprendizagem de cada estudante, de maneira que, além de evidenciar seu percurso e refletir sobre ele, possam contrastá-lo com as finalidades de seu processo e as intenções educativas e formativas dos docentes. A função do portfólio se apresenta, assim, como facilitadora da reconstrução e da reelaboração por parte de cada estudante de seu próprio processo ao longo de um curso ou de um período de ensino.

A utilização do portfólio como recurso de avaliação é baseada na idéia da natureza evolutiva do processo de aprendizagem. O portfólio oferece aos alunos e professores uma oportunidade de refletir sobre o progresso dos estudantes em sua compreensão da realidade, ao mesmo tempo em que possibilita a introdução de mudanças durante o desenvolvimento do programa de ensino. Além disso, permite aos professores aproximar-se do trabalho dos alunos não de uma maneira pontual e isolada, como acontece com as provas e exames, mas, sim, no contexto do ensino e como uma atividade complexa baseada em elementos e momentos de aprendizagem que se encontram relacionados.

Por sua vez, a realização do portfólio permite ao alunato sentir a aprendizagem institucional como algo próprio, pois cada um decide que trabalhos e momentos são representativos de sua trajetória, estabelece relações entre esses exemplos, numa tentativa de dotar de coerência as atividades de ensino, com as finalidades de aprendizagem que cada um e o grupo se tenha proposto.

Chegando a essa altura, poderíamos definir o portfólio como um continente de diferentes classes de documentos (notas pessoais, experiências de aula, trabalhos pontuais, controles de aprendizagem, conexões com outros temas fora da Escola, representações visuais, etc.) que proporciona evidências do conhecimento que foi sendo construído, das estratégias utilizadas para aprender e da disposição de quem o elabora em continuar aprendendo.

Mas um portfólio é algo mais do que a recompilação de trabalhos ou materiais guardados numa pasta, ou os apontamentos e notas tomadas em sala de aula passados a limpo, ou uma coleção de recordações de aula coladas num álbum. Um portfólio não implica só selecionar, ordenar evidências de aprendizagem e colocá-las num formato para serem mostradas. Como assinala Gardner (1994, p. 84), no portfólio é possível identificar questões relacionadas com o modo como os estudantes e os educadores refletem sobre quais são os objetivos de sua aprendizagem, aqueles que foram cumpridos e os que não foram cobertos, onde foi enfocado de maneira inadequada o esforço para a aprendizagem e em que direções torna-se mais promissor enfocá-lo para o futuro. Definitivamente, permite que cada aluno reconstrua seu processo de aprendizagem.

O que caracteriza o portfólio como modalidade de avaliação não é tanto seu formato físico (pasta, caixa, CD-ROM, etc.) como a concepção do ensino e aprendizagem que veicula. O que particulariza o portfólio é o processo constante de reflexão, de contraste entre as finalidades educativas e as atividades realizadas para sua consecução, para explicar o próprio processo de aprendizagem e os momentos-chave nos quais o estudante superou ou localizou um problema.

Critérios de avaliação de um portfólio

Avaliar um portfólio, ou seja, pronunciar-se pelo valor educativo e formativo do processo reconstruído, e se quisermos qualificá-lo, não é mais difícil do que avaliar e qualificar o saber que se explicita num exame, num ensaio, num trabalho de pesquisa ou num projeto, ainda que possa ser, de fato, pela quantidade e diversidade de informação que recolhe, mais trabalhoso. Em geral, o êxito do esforço dos estudantes e o valor das apreciações que realizam os docentes dependem, em grande parte, da clareza inicial dos propósitos do portfólio e da aprendizagem de cada aluno, e das finalidades do curso, por parte do professor. Nesse ponto, cabe fazer notar que não costuma ser habitual que o professor mostre, de antemão e de forma pormenorizada, todos esses detalhes. Assim, se um docente ou equipe de docentes decide utilizar o portfólio, terá que revisar o conjunto do planejamento de sua atividade docente.

No entanto, a avaliação de um portfólio não escapa da tensão de encontrar alguns critérios de interpretação que permitam aos alunos continuar aprendendo, em decorrência da variedade tão complexa de elementos a serem considerados. Paulson e Paulson tentam resolver esse problema relacionado a qualificação do portfólio com os propósitos estabelecidos para eles: *o que vemos ao avaliar um portfólio é o produto dos óculos que usamos quando avaliamos o que contém* (Paulson e Paulson, 1990, p. 5).

Em nosso caso, utilizamos para avaliá-los uma estratégia de diálogo que nos permite estabelecer, junto com os alunos, alguns critérios que permitam organizar suas produções. Critérios que podem ir desde a mera recompilação de evidências até a interpretação dos problemas surgidos ao longo do processo de aprendizagem. Nos exemplos recolhidos em Hernández (1997d), encontram-se amostras do tipo de diálogo em que se constroem os critérios de avaliação dos portfólios que representam o processo de um projeto de trabalho.

O portfólio, à diferença de outras formas de avaliação, como o exame, dá a oportunidade aos professores e aos alunos de refletirem sobre o desenvolvimento dos estudantes e suas mudanças ao longo do curso (o que não se aprecia com um exame ou com alguns métodos estatísticos).

O portfólio permite aos professores acompanhar o trabalho dos estudantes num contexto em que a atividade de ensinar é considerada como uma atividade complexa com elementos inter-relacionados. Nesse sentido, ele permite apreciar a relação das partes com o todo e, sobretudo, é um recursos para relacionar a teoria com a prática. Os projetos de trabalho terminam num portfólio em que cada aluno seleciona, ordena as evidências que foram sendo reunidas durante a pesquisa para responder ao problema proposto. Dessa maneira, estendem ao portfólio as estratégias de relação com a informação aprendidas durante a realização do projeto.

O portfólio, como modalidade de avaliação vinculada à reconstrução do processo de aprendizagem, tenta abordar algumas problemáticas relacionadas à representação do conhecimento elaborado pelos alunos, ao mesmo tempo em que introduz outras que requerem mudanças com respeito à situação atual da formação dos professores, à perspectiva sobre o ensino e a aprendizagem, ao papel dos alunos, à interação docente, à definição dos conteúdos e sua relação com as atividades, à atitude investigadora na sala de aula,...

São portas que ficam abertas, como outras presentes nos pontos transitados ao longo deste livro. Os exemplos do capítulo seguinte espero que possam sugerir novas perguntas, mas também que permitam esboçar algumas respostas a respeito das possíveis interrogações que tenham sugerido estas páginas.

CAPÍTULO V
Três projetos de trabalho como exemplos, não como pauta a seguir

Nos capítulos seguintes, apresentam-se vários exemplos, a título de ilustração, da concepção dos projetos de trabalho que se tentou refletir nas páginas precedentes. São experiências realizadas em três classes de outras tantas escolas e com alunos de 3 anos, da 1ª e da 5ª séries do Ensino Fundamental.

Recolher uma experiência escolar e torná-la pública não é tarefa fácil, sobretudo se pretendemos manter a idéia de que o que aqui se apresenta tem um caráter singular, e, portanto, não reproduzível. Há de ser o leitor, se encontrar alguma utilidade ou inspiração nestes exemplos, quem irá fazer seu próprio caminho e sua adaptação. Mas essa certeza não elimina as dúvidas, e explicitá-las não se torna gratuito, pois permite refletir sobre o papel que podem ocupar os exemplos e os materiais curriculares a que nos aproximamos nos livros ou em outros meios de ensino.

Algumas dúvidas que surgem quando são apresentados exemplos de projetos de trabalho

Quando se leva adiante a organização de uma experiência escolar e se pretende torná-la pública, podem surgir as seguintes perguntas que refletem, em boa parte, uma concepção dos materiais curriculares distanciada da norma e a réplica total ou fragmentária. Essas perguntas se propõem como um convite a dialogar com esses exemplos, como um "lugar" a partir do qual olhá-los:
- Como apresentar um material curricular para que seja aberto? E, por sua vez, o que quer dizer elaborar um material de maneira aberta?

- Como pode vencer a distância entre o que é o reflexo de uma experiência rica em matizes, carente de linearidade e os limites que implica apresentá-la de maneira escrita, num formato que a congela e a fixa?
- Como refletir o sentido de compreensão que se encontra na pesquisa que o professor e o aluno realizam e que, nem sempre, aprecia-se no que pode ser lido como uma apresentação de atividades?
- Como mostrar, a partir de uma perspectiva individual, o que foi um processo grupal em que participaram o docente, os alunos e, algumas vezes, alguns colaboradores?
- Como refletir o conjunto de vozes que aparecem e se ocultam quando se recolhe uma experiência docente?

Uma experiência curricular como processo de tomada de decisões

Quem elabora e apresenta um material curricular se encontra diante de uma série de alternativas:

Adaptar os conteúdos da matéria na qual é especialista ao nível educativo para o qual recebeu o encargo de realizar o material curricular. Nesse caso, depara-se com várias opções:

1. Partir de um tema em que se destacam os conteúdos que devam ser transmitidos e apresentar diferentes propostas de atividades para que os professores (ou os alunos) possa escolher as que serão realizadas.

2. Planejar a trajetória pelo tema como uma história que se organiza em diferentes percursos e que se abre a diversos finais. O docente pode negociar com cada aluno a trajetória que vai seguir e realiza uma busca de materiais para poder levar a termo as intenções esboçadas.

3. Trasladar a própria experiência, que se baseia no singular, e apresentá-la em termos de generalização, mediante a amostra de uma lista de exemplos de materiais e atividades.

4. Mostrar a própria experiência com a idéia de que, a partir dela, outros professores possam realizar uma seleção e reelaboração adaptada a seu contexto e necessidades.

5. Partir da própria experiência, avaliá-la, colocá-la em relação a outras perspectivas e enfoques (e exemplos) e ordenar o resultado, destacando o processo seguido, em vez das atividades realizadas, destacando os problemas que foram encontrados mais do que os resultados obtidos e mostrando não tanto o que se realizou, mas, sim, o que se aprendeu nessa trajetória.

Foi essa última concepção, talvez a menos transitada, a que se mostrou nesses exemplos. Daí que, para sua leitura, seja de utilidade levar em conta as seguintes considerações:
– Não é possível reproduzir o processo seguido em outro contexto e circunstâncias. Cada docente deve, isso sim, elaborar seu próprio.
– É necessário levar em conta a atitude compreensiva frente ao conhecimento, a organização do currículo mediante projetos de trabalho e a perspectiva de educação da cultura visual que estão presentes nessas experiências.
– Não se pode separar a seqüência de ações que se apresentam em cada caso, do problema que lhe serve de eixo condutor ou ponto de partida, que se recolhem na folha de programação, mas que se apresentem agora, para que o leitor comece a situar-se:

> Como passar de um episódio a construir uma trajetória por um tema em turma de 3 anos?
> Como situar a importância de aprender de outros, partindo do exemplo de um pintor?
> Como relacionar as próprias vidas com as transformações do corpo?

As noções sobre a educação, a aprendizagem e o ensino presentes nesses projetos de trabalho

O enfoque que se segue na apresentação de uma experiência curricular não pode ser considerado neutro nem tem por que ser mimético da proposta contida no Programa Curricular. Se quisermos, este pode servir como alvo e contraste por parte do docente, mas, de nenhuma maneira, pode tornar-se como ditame, pois seus fundamentos e concepções sobre o ensino, a aprendizagem e o currículo não cobrem muitas das referências que estão presentes numa prática educativa.

Embora já se tenha mostrado ao longo deste livro, frente aos exemplos parece importante tornar explícito, de novo, o conjunto de idéias inter-relacionadas em torno da natureza da educação, do conhecimento, da aprendizagem, do ensino e do currículo, para fazer com que o leitor compartilhe, ou ao menos conheça, o lugar a partir do qual se fala.

Essa posição implica, em primeiro lugar, que a *aprendizagem* se conceba como uma produção ativa (não passiva) de significados em relação aos conhecimentos sociais e à própria bagagem do aprendiz. Isso significa que o resultado da aprendizagem não pode ser avaliado como um entrecruzamento entre determinadas "entradas" (de informação, de experiências,...) e alguns critérios predeterminados sobre como essas entradas devem "sair" do aprendiz. Quando a aprendizagem é planejada como uma produção ativa de significados, converte-se numa manifestação das possibilidades dos seres humanos, por exemplo, para sintetizar informação complexa e díspar de maneira coerente, para observar situações desde diferentes pontos de vista, ou para ser conscientes dos preconceitos pessoais diante de determinados fatos e fenômenos. Desse ponto de vista, a função da aprendizagem está vinculada ao desenvolvimento da compreensão, que se constrói como a extensão das possibilidades dos estudantes diante das questões que são relevantes para sua vida. A manifestação dessas possibilidades de compreensão podem ser descritas e avaliadas, mas não estandardizadas e medidas.

A idéia é que o *ensino* que guia esses exemplos não se represente como uma atividade dirigida a controlar ou determinar de maneira causal os resultados da aprendizagem. Considera-se como uma atividade em que seus objetivos (porque os tem e são inevitáveis) se dirigem a facilitar um processo dialético (quase sempre indeterminado) entre as estruturas públicas de conhecimento e as subjetivas e individuais (Barret, 1986). O alvo do ensino está no processo mais do que no resultado da aprendizagem e trata, mediante uma série de atividades, de exemplificar e facilitar as possibilidades de compreensão e interpretação da realidade dos seres humanos.

A ordenação ou seqüenciamento dos conteúdos não se articula como um sistema especializado no qual o professor deva prever todas as decisões antes de realizar a tarefa de ensinar. Procede-se a partir da definição de alguns roteiros prévios de atuação, que, depois, vão-se modificando de uma maneira dialética na interação da classe. No final do desenvolvimento da seqüência-processo de ensino-aprendizagem, explicita-se, a título de revisão crítica, os focos de interesse detectados para destacar, sobretudo, as estruturas, noções-chaves que permitiram aos alunos estabelecer relações com seu conhecimento-base e realizar transferências que lhes possibilitem continuar aprendendo.

CAPÍTULO VI
As informações nos servem para aprender e nos provocar novas interrogações
Um projeto de trabalho na turma de 3 anos
Mercé de Febrer e Fernando Hernández

> "Os odisséicos(...) buscam conexões entre as idéias."
> Murrey Gell-Mann (1995). *El quark y el jaguar.*

Um projeto pode ter diferentes leituras

O que pode ser mais relevante e chamar a atenção do leitor, neste projeto, é como se cria e desenvolve, nas crianças pequenas, o interesse pela informação e ver como enfrentam sua própria aprendizagem quando têm um problema a resolver.

Numa primeira aproximação, também pode surpreender ver como se vai despertando a curiosidade e a participação das famílias pelo que acontece na escola. Os pais e as mães, em sua colaboração com o projeto (comprando o jornal, gravando programas de televisão,...), foram compreendendo como seus filhos podiam aprender em sala de aula de maneira diferente daquela que poderiam esperar de um grupo de 3 anos. Através desse processo, suas atitudes para com o que se pode fazer na sala de aula com crianças pequenas e com respeito a seu próprio papel educador começou a mudar.

Na perspectiva da professora, e visto com uma certa distância, agora que o grupo finalizou o curso de 4 anos, o que mais surpreende é a capacidade das crianças dessa idade de transferir o que vão aprendendo de uma situação para outra. Por tudo isso, uma pergunta surge como início, tal como sucede quando a classe começa a elaborar um projeto: por onde começar?

A história começa com a experiência de Andrea

Uma forma de começar poderia ser como nos contos infantis: pelo princípio. O que foi que colocou em marcha todo esse processo que, ao final, rompeu os limites da sala de aula? Foi uma experiência que, em 31 de janeiro de 1994, Andréa levou à sala de aula.

Em algumas segundas-feiras, as crianças contam o que fizeram durante o fim de semana. Não o fazem como um hábito a mais da escola. Só quando têm coisas interessantes a relatar. Naquele dia, Andrea nos disse que tinha ido ao zôo com seus pais para dizer adeus a Ulisses: "Vai para muito longe porque está triste". Então todo o grupo quis participar da conversa. Alguns estavam mais inteirados do tema, outros menos. Fomos procurar o jornal e, efetivamente, ali estava a notícia. Foi lida e soubemos de mais coisas:

– Que ia a San Diego, uma cidade dos Estados Unidos da América.

– Que ia porque estava triste, porque não tinha outra orca para ser amigo nem para ser sua companheira.

– Que a piscina do zôo de Barcelona era muito pequena para ele e além disso não cabia nela.

Decidimos olhar cada dia o jornal para saber mais coisas sobre Ulisses e sua viagem. Assim foi como iniciou todo nosso trabalho de aprendizagem sobre as orcas. Não só sobre Ulisses, mas sobre todas as orcas. Quando manifestamos nosso interesse pelas orcas, ao dizer às famílias que necessitávamos de informação sobre esses animais, além dos jornais, chegaram à sala de aula todo tipo de documentação em forma de vídeos, revistas, livros... As mães e os pais nos ajudaram muitíssimo. Isso nos permitiu saber que havia outras orcas que não viviam em piscinas, e sim em liberdade, no mar.

As orcas em liberdade

O que procurávamos ao iniciar nossa viagem-descoberta era responder a uma pergunta que nos inquietava:
Por que Ulisses está triste?
O desenvolvimento do processo não só ia dar resposta, mas também abrir novas interrogações e ensinou as crianças de 3 anos uma série de atitudes diante da natureza e a informação que continuaram utilizando na turma de 4 anos. Seu último descobrimento, um ano depois, foi refletir sobre o que queria dizer a informação *Ulisses aprendeu a falar* em seu novo contexto. Diante da possibilidade de que a orca volte a Barcelona, se for construído um aquário maior, foi proposta uma in-

cógnita: *ainda que possamos vê-lo, Ulisses não estaria melhor em liberdade?*, o que é um indício de mudança conceitual que se foi produzindo durante e depois do projeto.

O acompanhamento de uma notícia, como fio condutor inicial, converte-se em um projeto de trabalho

As informações que recebemos e que chegavam à sala de aula nos ensinavam coisas e nos propunham questionamentos. O que tínhamos lido na primeira notícia nos levou a nos perguntarmos: *onde está Ulisses? onde fica San Diego?*
– Na sala ao lado tem um Diego, disse um.
Ao ler de novo a notícia, vimos que dizia: nos Estados Unidos da América do Norte.
– Na América, vai para a América, disse outro.
– Isso é muito longe, comentou uma menina.
– Como podemos saber onde ficam os Estados Unidos? perguntei eu. Várias mãos de meninos e de meninas de 3 anos se levantaram querendo responder:
– Num mapa... podemos ver num mapa.
Aqui se abre uma interessante questão para aqueles que duvidam das possibilidades de aprendizagem nessas idades precoces: onde e como tinham aprendido a noção de "mapa"? que significado tem para eles?
Fomos buscar um planisfério e, depois de formular hipóteses sobre onde estávamos, o que era todo aquele azul e onde poderia estar San Diego, fomos situando:
– Barcelona,
– San Diego e
– o mar (tudo aquilo de cor azul).
Para fazer essa localização, além do planisfério geral, utilizamos o computador, que compartilhamos com outras 10 turmas. Por meio do programa PC Globe, pudemos situar e ressaltar os países de interesse.
No planisfério da turma, colocamos bandeiras sobre Barcelona e San Diego. Além disso, cada criança, numa cópia da ilustração feita com o computador, assinalou o trajeto, colocando um marcador em cada cidade e marcando o percurso com uma flecha.
Já sabíamos onde Ulisses iria viver. Mas uma nova pergunta despertou na turma:
– Como podia ir de Barcelona a San Diego tendo tanta água no meio?

Todo mundo tinha claro que não poderia ir de carro, caminhão ou ônibus.
– Tem que ir de barco, disse alguém. Mas, lendo novas notícias, inteiramo-nos que não podia fazer uma viagem tão longa em certas condições que pudessem afetá-lo de maneira negativa. Assim foi como soubemos que iria de avião.

Tivemos a sorte de que os jornais continuavam prestando atenção no tema, e, numa manhã, pudemos recolher e fotocopiar, para cada aluno, a seqüência do traslado desde a piscina do zôo até o interior do avião.

De Ulisses à vida das orcas: do episódico à generalização

Aqui a história toma um rumo inesperado. Já não era só informação sobre Ulisses que chegava à sala de aula, mas também sobre as orcas em liberdade. Isso me propôs uma dúvida, que, às vezes, surge nos projetos. Eu queria compartilhar com as crianças o acompanhamento de uma notícia: já era o suficiente para uma turma de 3 anos! Mas, do interesse inicial, surgia um tema de estudo que ampliava nossas (minhas) expectativas: o que vou fazer com tanta informação? Vou ter que estudar uma série de problemas sobre a vida das orcas que não sei como trabalhar numa turma de 3 anos? É necessário dar tanta importância a um tema aparentemente secundário?

No entanto, a informação sobre as orcas em liberdade lhes/nos ia permitir aprender e dar respostas a pergunta inicial que moveu o projeto: *Por que Ulisses está triste?* Permitia que passássemos do comentário e da conversação sobre as notícias do início do diálogo pedagógico em aula.

Um menino, Eduardo, trouxe uma ficha editada por Planeta-Agostini (300 fichas de animais que custam R$ 1,00) onde aparecia informação sobre as orcas, relacionada com seu modo e hábitos de vida. Lemos e comentamos em sala de aula que as orcas:
   – vivem em grupos de 5 a 20 indivíduos (*e Ulisses estava sozinho*),
   – falam para ajudar-se (*Ulisses não podia falar com ninguém*),
   – podem chegar a comer 32 focas, 14 lobos marinhos, 50 quilos de peixe fresco cada dia (*Ulisses tinha que contentar-se com 50 quilos de peixe congelado: sempre o mesmo!*).

Enquanto comentávamos essa informação, cada criança da turma tinha uma fotocópia em que marcava o que para ela era mais relevante: os números que apareciam na ficha! No ano seguinte, esses números associados à vida das orcas voltaram a ser recuperados nas conversas sobre os números e suas funções. Marta disse:

– Também há números no trabalho que fizemos sobre a orca Ulisses.
– Que trabalho?, perguntei.
– Aquele das orcas em liberdade que dizia que comiam 50 quilos de peixe fresco e 32 focas. O aprendido um ano antes lhe permitia fazer novas conexões em outro contexto: e só tinha 3 anos!

Mas voltemos à nossa história. A mãe de Pau nos trouxe um vídeo gravado de uma emissão do Canal 33; um documentário sobre a vida das orcas e que a publicidade informativa de um jornal havia destacado dizendo: Teremos ocasião de ver a vida que perdeu nossa orca Ulisses, condenada à prisão perpétua, pelo único crime de ser bela. O impacto do conteúdo do vídeo em que as orcas apareciam nos mares árticos, em grupos, dando saltos era a imagem da felicidade plena! Tudo isso nos levou a deixar a constância do que havíamos visto e a comparar por critérios de *habitat* (piscina-mar) e do indivíduo-grupo e variedade-uniformidade.

Alguns dias depois, a história sobre a chegada de Ulisses a San Diego começou a circular pela classe. Nesse tempo, as mães haviam se organizado para recolher todas as informações que aparecessem nos noticiários ou nas reportagens da televisão e uma os ia recompilando e editando em vídeo.

Se bem que, num primeiro momento, tenhamos ficado preocupados, porque as notícias diziam (e nós víamos) que Ulisses custava a reagir em seu novo habitat, pouco a pouco foi ficando contente, porque estava numa piscina muito maior, tinha mais espaço para se mover e vivia com mais orcas. Já não estava sozinho! "O apaixonado idílio de Ulisses" foi o título de uma notícia que nos encheu de alegria. Ulisses tinha noiva, e ela se chamava Orkid!

Mas não podíamos esquecer tudo o que havíamos aprendido sobre as orcas em liberdade e em alguns vídeos onde vimos a história de Ulisses: como tinha sido capturado nas águas do Pólo Norte, separado de seu grupo e trazido a Barcelona quando era ainda muito pequeno. É por isso que, apesar de estarmos cheios de satisfação com o "bem" que Ulisses ia em sua vida nova, também nos enchíamos de interrogações e de dúvidas quando pensávamos *como estaria, se pudesse viver em liberdade quando era pequeno?*

Um conceito que se expande

Com essa interrogação, acaba o "portfólio" (pasta de trabalho e registros) que cada criança tem de toda a história. Fecha-se o trabalho, mas não o projeto. Fica por trabalhar a pergunta anterior e uma idéia-chave que continuará aparecendo no futuro: a adaptação/inadaptação dos animais ao meio a partir de uma perspectiva de conservacionismo ecológico.

Esse seria um fio condutor que não detectei naqueles dias, mas somente agora, quando tento reconstruir o processo seguido. Isso foi uma "idéia-chave" que continuamos explorando em outros projetos. Quando, depois, estudando os *elefantes*, analisamos as diferenças dos dois grupos – africanos e asiáticos, o fizemos, de novo, por sua adaptação ao meio – a savana e a selva. Ali estava, de novo, a noção-chave de adaptação.

Quando comparamos outros animais com os elefantes, perguntamo-nos: são perigosos ou estão em perigo? Vimos que as cores, as trombas, a forma de vida eram sua maneira de se adaptarem ao meio, e que sua reclusão no zôo nos fazia pensar em como podiam sentir-se fora de seu *habitat* natural. Com isso, uma atitude diante do estudo do *habitat* natural começava a configurar-se nas crianças pequenas.

O que se aprende em um projeto

As coisas acontecem porque alguém procura a razão, o motivo, simplesmente acontecem e se aprende delas. Às vezes, uma boa vontade globalizadora faz pensar que se deva encontrar um tema que permita relacionar os conteúdos de todas as matérias. Força-se, então, a entrada de cada uma das áreas do programa. Assim, o docente se transforma em alquimista da realidade: transforma a paixão por descobrir, por seguir um fio trançado de surpresas e passa a reduzir sua atividade de exploração e criação no limite de alguns conteúdos prefixados. Se o leitor fixar-se nesse projeto verá que há conteúdos que dizemos que são de matérias diferentes, mas que não foi necessário ir buscá-los: iam aparecendo sem a obrigação de vinculação com as matérias curriculares, sem ter presente o projeto curricular, sem pensar nas colunas de atitudes, procedimentos, ...

E acontece que as relações não se estabelecem por acumulação e por somatório, mas sim por... relações! E estas se apresentam de maneiras diferentes: a partir do próprio tema e da informação que se relaciona para responder a uma pergunta; a partir do conteúdo das informações que se vinculam com campos de conhecimento diferentes (não necessariamente com matérias e conteúdos escolares); a partir da idéia-chave que se relaciona com outros temas em que também se encontra essa idéia-chave, mas abordada desde outro ponto de vista, sob outro enfoque ou nível de complexidade. Tudo isso cria uma trama que faz com que a criança indague, busque e siga um fio condutor que não surge de maneira espontânea nem pré-fixada, mas sim da interação que a classe foi alcançando mediante *o diálogo pedagógico.*

Estamos, pois, diante de uma idéia de relação (mais do que de globalização) que vai dando a uma realidade (uma pergunta, uma informação, uma curiosidade inicial) significados diferentes, segundo a direção que tome a idéia de relação da qual se parte, mas também com a qual se vai encontrando se estivermos atentos ao que acontece na sala de aula. Em qualquer sala de aula, também na dos meninos e meninas de 3 anos.

CAPÍTULO VII
"Eu aprendi o que queria dizer um símbolo"
Um projeto de trabalho* em torno da exposição El Greco, no MNAC, na turma de Primeira Série do Ensino Fundamental
Fernando Hernández, Silvia Montesinos e Mercé Ventura, da Escola Isabel de Villena de Esplugues del Llogregat (Barcelona)

O início: uma exposição, um autor e um anúncio na televisão

O projeto em torno de El Greco começa com a preparação da visita a uma exposição. Na Escola, as saídas são freqüentes e a visita a exposições são realizadas uma vez por trimestre. Nesse contexto, torna-se comum começar o projeto a partir do comentário que vamos ao MNAC (Museu Nacional de Arte da Catalunha) para ver uma exposição de um pintor que se chama Domenikos Theotokopoulos, conhecido como El Greco.

Para começar a aula, são propostas três perguntas:
- A que museu vamos?
- De quem é a exposição?
- Como era a geografia da época de El Greco?

Primeiro situamos o museu na montanha de Montjuich, de Barcelona, e perguntamos sobre alguns fatos relacionados com sua história. Assim, vimos que o prédio foi inaugurado em 1929, por ocasião da Exposição Internacional de Barcelona.

Quando aparece essa data, algumas crianças fazem uma conta para calcular os anos que faz que o museu foi aberto ao público. Essa subtração não estava prevista inicialmente pelos professores, o que não impediu que esta fosse aproveitada para relacioná-la com o que acontecia quando trabalhávamos em Matemática.

---

* Este projeto de trabalho foi realizado entre os meses de janeiro e março de 1997, coincidindo com uma exposição de obras de El Greco no Museu Nacional de Arte de Catalunha (MNAC).

As crianças comentam que já conhecem El Greco, pois aparece na televisão um anúncio, em um dos canais (na realidade o que aparece é uma animação da obra *El caballero de la mano en el pecho*). Essa referência será importante, como conhecimento de base, para explicar algumas das conexões que estabelecem ao longo do projeto.

Por isso, não é de estranhar que, já de saída, comentem que El Greco gostava das cores escuras: fazia os rostos cumpridos; as pessoas sempre levavam alguma coisa no pescoço; as cores de seus quadros se parecem todas e são do mesmo estilo.

O mundo de El Greco

Para saber mais coisas de El Greco, assistimos a um vídeo da série "Mestres Espanhóis", diante da qual as crianças faziam anotações. Estes são alguns exemplos de suas anotações:

- Pintava muitos senhores e senhoras. Laia
- El Greco vivia na Grécia. Alex
- Saiu de uma ilha. O rei Filipe II. Fez um quadro de uma pessoa. Pintava muitos quadros. Laura
- Creta. Mãos exclusivas. Felipe II. Veneza. Poderoso. Itália. Tiziano. Personagens que padecem. Cristina
- Pintava as mãos. Senhores e senhoras. Jordi
- Faz coisas tristes. Nasceu em Creta. Seu amigo Paulo Júnior
- Enterro de um cavaleiro. Didac
- Fazia muitos símbolos e pintava com pinceladas. Ferran
- Felipe II. Itália. Enterro. Toledo. Esther
- Mãos. Felipe. Veneza. Monarca poderoso. Tiziano. Laura D.
- Mãos agressivas. Felipe II. O monarca. Mário
- Pintava por encomenda, gente nua e para a igreja. Albert
- Mãos criadoras. Nasceu em Creta. Felipe
- Teve uma noiva. Filho Jorge Manrique. Laura H.
- Livros. Jesus Cristo. Personagens, mãos, grego, formas e anjos. Arturo

Essas anotações vão configurando um mundo de referências, de fragmentos que agora necessitam ser organizados. Para isso, constrói-se uma narrativa que dá sentido a esses lugares comuns que as crianças foram recolhendo à medida que iam assistindo o vídeo sobre El Greco.

O mundo no século XVI

> El Greco nasceu em Creta e morreu em Toledo (1541-1614). Viveu no século XVI, durante 73 anos.
> Fazia pouco que a América havia sido descoberta, em 1492. Época das conquistas espanholas.
> Felipe II (muito religioso) era o rei da Espanha. A religião era muito importante, assim como a Inquisição e a Igreja.

A realização desse texto levanta uma série de perguntas e dúvidas que dão sentido à pesquisa que os alunos começam a realizar.
Conceitos novos: ofício, trabalhar por encomenda, artesão ou artista.
O que é um século?
Quando El Greco vivia, o mundo era diferente? Os que tinham essa "coisa" no pescoço eram ricos e importantes?
Quantos anos faz que El Greco viveu? Nossas avós e avôs, bisavós e bisavôs ainda não existiam, não tinham nascido.

Da informação surgem interrogações

Enquanto olham livros, que trouxeram de suas casas (*Mestres Espanhóis*, enciclopédias, catálogos de museus do Louvre e do Prado, etc.) para ver se podiam identificar quadros de El Greco.
Não lhes foi muito difícil. Só num caso, uma menina perguntou se uma lâmina era de El Greco, quando era Tiziano, em "O Enterro de Cristo" (*Livro de Museu do Louvre*, p.75). Essa tarefa nos leva a recordar o que assinalam os estudos do grupo "Cero", da Universidade de Harvard, que dizem que, nessa idade, as crianças têm capacidade de distinguir traços de estilo.
Da informação inicial, surgem as perguntas que guiarão a pesquisa do projeto e a visita à exposição. Algumas dessas perguntas foram:
- El Greco copiava de um modelo ou imaginava-o?
- De onde tiram todos os quadros para fazer uma exposição?
- Como o rei sabia que pintores havia para poder encomendar-lhes um quadro?
- Se lhe encomendavam um São Paulo, como sabia que rosto tinha?
- Por que pinta tantos personagens mortos?
- Por que sempre aparece uma caveira?
- Por que faz tantos detalhes quando pinta as personagens, como a roupa?
- Por que faz roupas tão bonitas para os ricos e os pobres aparecem nus e com sangue?

- Por que todos os quadros têm luz?
- Por que em todos os quadros aparecem deuses e santos?
- Por que no Conde de Orgaz os padres velhos têm uma coisa na cabeça e os jovens não têm nada?
- Por que todas as Virgens Maria e Madalena têm crianças ao redor?
- Por que morrem mais mulheres do que homens?
- A pomba aparece em alguns quadros, é a pomba da paz?
- Era ele quem escolhia as cores escuras ou era o rei?

Essas perguntas servirão como ponto de partida para buscar respostas durante a visita à exposição.

A Geografia de El Greco

Depois, num mapa-múndi, assinalaram as cidades em que El Greco viveu. Diante do mapa da Europa e do de diferentes continentes, surgiram novas questões relacionadas com:
– as diferenças entre cidade, capital, país, continente, etc., além de como interpretar os mapas.

Leitura da imprensa para preparar a visita à exposição

Foram lidas informações da imprensa em torno da exposição, o que serviu para que se familiarizassem com palavras ou expressões como: retratista; a imagem se destaca do fundo; o primeiro quadro de um pintor espanhol, pintando no ato de pintar; seleção de pinturas, ...

Chegando a esse ponto, cada uma das duas turmas decide escrever sobre a exposição que vão visitar com informação derivada dos jornais que falam sobre o evento. Numa das turmas escreveram:

> *A exposição que vamos ver é, sobretudo, de tema religioso, porque o rei Felipe II era muito religioso. Seremos os primeiros a ver, depois da sua limpeza, "EL CABALLERO DE LA MANO EN EL PECHO", veremos melhor sua silhueta. Veremos o primeiro quadro de uma pessoa pintando, e que Picasso copiou seu estilo.*

A leitura da imprensa leva a indagar sobre o significado de várias frases. A primeira foi: El Greco era um *excelente retratista*. Diante da pergunta *o que pode querer dizer o autor do artigo ao referir-se dessa maneira a El Greco?*, estas foram algumas das manifestações recolhidas:

- Sabia fazer muito bem pessoas. Sílvia
- Fixava-se muito bem nas pessoas, para fazê-las bem. Dídac

- Fazia muitos detalhes. Victor
- Como se fossem fotos. Júlia
- Pintava muito bem os senhores e as senhoras. Arturo
- Pintou muito bem seu filho. Mário
- Como se fizesse fotos, mas pintando. Irene e Marta
- Sabia fazer muito bem os rostos e as roupas. Laura

Outra das frases foi: *A imagem se destaca do fundo.* As interpretações dos alunos foram:
- Pode-se ver a figura do senhor. Albert
- Vê-se a silhueta. Irene

Por fim, perguntou-se sobre o que queria dizer a frase: *O primeiro quadro de um pintor espanhol, pintando no ato de pintar.* Irene, Dídac, Jordi e Mário concordaram em que queria dizer que *um senhor está pintando outro pintor pintando*.

Em outra aula, como síntese da informação da imprensa, escreveram:

> É a primeira exposição que se faz sobre El Greco, em Barcelona, dos quadros que pintou em Toledo. Veremos o primeiro quadro de um pintor pintando. El Greco pintou muito bem as pessoas.

Com essa bagagem, com as dúvidas e interrogações propostas, tinha sentido visitar a exposição, como uma fonte de informação que lhes permitisse continuar a aprender.

A visita à exposição: a descoberta dos símbolos

Durante a visita à exposição, a relação com os monitores (guias) se baseou num jogo de perguntas e de respostas, a maior parte das quais girando em torno do significado dos símbolos que aparecem nos quadros e ao caráter religioso dos mesmos.

Os monitores dão uma pequena explicação sobre a vida do pintor. Destacam que viajou à Itália, a Veneza, para aprender a pintar.

Diante de um dos quadros, explicam o que é um "retábulo": conjunto de obras que se colocavam nas igrejas junto com esculturas. Esse quadro é uma parte de um retábulo. Num dado momento, comenta: "Podem ver que este corpo de Cristo pesa". Um menino pergunta: "Está morto?"

O que segue são fragmentos das conversas entre a monitora e os dois grupos, durante a visita à exposição. Em suas respostas e comentários, os alunos e alunas recuperam informação que conhecem da sala de aula e tentam responder a algumas das interrogações que ali foram propostas:

Diante de São Paulo:
Monitora (M): Que símbolos vocês vêem, que se repetem?
Grupo (G): A espada, a roupa vermelha, porque quando morreu sofreu muito, o livro, o rosto, o bigode, as sobrancelhas.
M: ...e o fundo?
G: Interior de uma casa; fora, os fundos são planos.

Diante de São Pedro:
A chave. As mãos se unem, voltam a ser amigos.
Um menino lhe pergunta: como sabe disso?
Está num livro, responde a monitora.
(Aqui se perde a oportunidade de abrir aos alunos novos conhecimentos e destacar algum aspecto da relação entre Pedro e Paulo e as origens do cristianismo: Paulo havia perseguido os cristãos, pois os considerava como hereges do judaísmo. Pedro não estava de acordo com Paulo, uma vez convertido, de que a nova religião fosse para aqueles que não fossem judeus.)

Diante das três versões de Cristo com a cruz
A monitora fala da luz, da diferença das três versões.
Uma das crianças pergunta: como se consegue (o efeito da luz)?
M: Com a pintura.
Um menino assinala a coroa com espinhos.
Outro comenta: Não o machuca, porque está morto. Ele resistia à dor.
Nessa intervenção, surge um problema que, mais tarde, será abordado, na visita ao atelier de uma pintora, e que teve uma importância notável na configuração de um dos problemas da prática e do conceito da pintura na época de El Greco; de maneira especial, está presente nos artistas que os historiadores incluem no Maneirismo – a utilização da luz para criar efeitos visuais e formais. A monitora não aproveita – seguramente porque considera que as crianças dessa idade não podem aprender essas "coisas" – a possibilidade de ir além da situação e da pergunta. O mesmo acontece, com freqüência, na relação dos professores com seus alunos pequenos.

Diante de Madalena:
M: Foi ao deserto para rezar numa cova, para arrepender-se, porque, quando jovem, tinha feito coisas más, segundo a Igreja Católica.
M: Que símbolos aparecem?
A caveira.
As crianças dizem que significa tristeza e morte.
O vidro de perfumes, que utilizava quando era jovem.
Túnica vermelha, que sofre.

De novo, perde-se a oportunidade de situar para as crianças a figura de Madalena, que, no contexto religioso, tem um papel importante vinculado a dois valores básicos da época: a penitência e o arrependimento, e, no Barroco, será vinculada com a *vanitas,* ou a futilidade da vida.

Diante da Sagrada Família:
M: Que personagens vocês estão vendo?
G: Jesus, o filho; São José, o pai; a Virgem, a mãe; e a avó (Madalena) que é velhinha e olha o menino e está triste porque pensa que, quando for maior, Jesus vai morrer.

Nessa ocasião, a sinalização de Madalena vinculada à figura de uma "avó" não é levada em conta, para esclarecer ao grupo a quem representa essa figura e se lhes deixa no "erro". Seguramente por considerar que, para as crianças tão pequenas, não é necessário situar de maneira adequada os personagens do quadro.

Diante do Batismo de Cristo
Uma das crianças: Que quer dizer batismo?
M: Na religião católica, jogam umas gotas de água quando batizam alguém.
M: Os anjos do quadro produzem sensação de movimento.
Que pensaria o menino que perguntou o que era o batismo quando não se explica nem a finalidade simbólica de tal ato, nem o papel que tem na própria tradição da vida de Jesus? Pode aprender dessa resposta?

Diante de "O cavalheiro com a mão no peito"
M: Como está vestido?
G: Um cavalheiro que tem uma espada que parece de prata. É um retrato. Nós, na aula, o pintamos mais escuro, pois no livro estava mais escuro.
M: Agora o limparam, estava muito sujo e o fundo pode ser visto cinza.

Vejamos agora os apontamentos do outro grupo.

Diante de Madalena Penitente
M: A hera como símbolo de fidelidade, porque nunca deixa a parede.
A papeleta contém a assinatura do autor, em grego, sua língua, para não esquecer sua origem.
Nunca voltou a Creta.

Diante do Batismo de Cristo
M: Deus e anjos (vestidos e nus).
Não há divisão entre a terra e o céu. Batizado (foi batizado já maior)

Capa vermelha, cor de sangue.

Se vê o marco (as bordas) do *lienzo* que costumava estar escondido, mas agora podemos apreciar que, nessas bordas, o autor limpava os pincéis.

Corpos não proporcionais, irreais, na última fase, distintos da primeira fase, mais realista, com outra sensação de volume.

Anotações de outro grupo:

Diante da Trindade
M: Deus, o Filho e o Espírito Santo se unem.
G: Por que se repetem os temas?
M: Porque os clientes religiosos lhe pediam, as igrejas, as catedrais.

Uma vez realizado o primeiro percurso pela sala, dividiu-se cada grupo em duplas, que recebiam uma cópia colorida de um quadro do mesmo tema, mas pintado por outro pintor da mesma época de El Greco. Pedia-se que detectassem semelhanças e diferenças entre eles, e que as anotassem. Sobre esse material, pode-se realizar uma avaliação para organizar as relações que os alunos estabelecem.

Turma A

São Jerônimo (El Greco e Caravaggio)

Diferenças:
Um está vestido, outro não, quer dizer a morte.
Um tem cabelo, e outro não.
Um tem um recipiente de onde tira tinta.
Um tem uma caveira, e outro não.
Um tem o livro aberto, e o outro não.

Semelhanças:
Os dois têm barba, são velhos.
Acho que El Greco faz as figuras alongadas e também escuras.
Um tem um livro, que quer dizer que gosta muito de ler.

Madalena (El Greco-Tiziano)

Diferenças:
Uma é mais larga e a outra mais delgada.
Uma ri, e a outra não.
Alguns símbolos são diferentes.
Têm fundos diferentes.

Turma B

São Jerônimo (Caravaggio)
São Jerônimo como Cardeal (El Greco)

Diferenças:
A cor. A barba. A roupa. O cabelo. O nariz. O livro. A boca. A cor do rosto. O bigode. A elegância. O rosto. Uma capa é de muitas cores, e a outra não.
Um tem luz, o outro, não.

Semelhanças:
O fundo. A taça. A mesa.

Madalena penitente com a cruz (El Greco)
Maria Madalena penitente (Tiziano)

Diferenças:
A de Tiziano olha o céu e a de El Greco, não.
A de El Greco tem a cruz, e a de Tiziano, não
A de El Greco tem um livro, e a de Tiziano, não.
A de El Greco tem a roupa vermelha, e a de Tiziano, não.

Semelhanças:
As caveiras se parecem muito.
Uma está mais triste do que a outra.
As duas se tocam no peito.

São Jerônimo *(El Greco-Tiziano)*

Diferenças:
Um é escuro, e o outro claro.
Um tem uma estátua.
Um tem o fundo escuro e, no outro, aparece o bosque
O de El Greco tem o corpo mais comprido.

Semelhanças:
Num, o canto é negro e, no outro, é tudo negro.
Um tem as calças vermelhas, o outro a capa.

Semelhanças:
As duas têm a mão no peito.
As duas têm a mão igual.
As duas têm a caveira.
Eu gosto de El Greco porque desenha as cores escuras (Cecília). Gosto de Tiziano porque tem mais luz (Mireia).

São Jerônimo como Cardeal *(El Greco)*
São Jerônimo penitente *(Tiziano)*

Gosto de El Greco pela elegância (Carlota)

Diferenças:
Tiziano trabalha mais o fundo do que El Greco.
Um tem a barba mais longa do que o outro.
Um está elegante, e o outro, não.
Um olha Jesus Cristo, e o outro, não.

Semelhanças:
Estão vestidos de vermelho.
Têm o cabelo branco.

O universo dos símbolos

De volta à Escola, revive-se a visita à exposição e se organiza uma lista em que se representa os símbolos que foram vistos. Escreve-se seu significado, e eles são desenhados:

> A caveira – a morte;
> A hera – sempre juntos;
> As chaves – vigilante do céu;
> Túnica vermelha – sofrimento;
> Livros – gostava de ler;
> Colônia – quando jovem, havia se portado mal;
> A espada – matar.

Uma vez realizada essa recapitulação, a professora lhes pergunta: o que é, para vocês, um símbolo?
Abre-se uma conversação do grupo em que se recolhe as interpretações que foram elaborando ao longo do projeto. Estas são algumas das respostas:
– É um desenho que quer dizer alguma coisa.
– Se não houvesse símbolos, nos lavabos teria de ter uma pessoa que nos dissesse: aqui ficam os lavabos.

Também o poderíamos escrever, mas, em vez disso, utilizamos símbolos. Por que será?
– Para que não seja tão longo.
– Porque os símbolos são entendidos com o olhar.
– Porque os símbolos são entendidos por todo mundo.

Vocês acreditam que todos os símbolos, como o do Caprabo (um supermercado) *e da TV3* (uma das cadeias de televisão da Catalunha) *são entendidos por todo mundo?*
– Não, alguns são entendidos por todo o mundo; outros, só por aqueles que são de um lugar ou por nós mesmos.

Depois dessa conversa, pedi às crianças que trouxessem de suas casas símbolos atuais, da vida cotidiana. Com eles, e por grupos, realizam uma série de murais, com os seguintes títulos: Caprabo, TV3, a rua, L'Illa de tiendas (um centro comercial) e o estacionamento de automóveis. Dessa maneira, a primeira noção de símbolo se transfere a outras situações, com o que se reforça e problematiza a aprendizagem realizada.

A importância das influências

Na fase seguinte do projeto, pesquisou-se o que quer dizer "El Greco tem influências de outros pintores".

Cada turma organizou um debate em torno dessa questão. Debate que foi transcrito e que faz parte do portfólio do projeto. Seu conteúdo apresentamos a seguir:

Grupo A
– Não é copiar, é aprender a fazer uma coisa que queres aprender e a encontras em outros pintores e então tentas fazê-la. Laura R.
– Se, para um pintor, tem alguma coisa que ele não sabe fazer, olha como fizeram outros pintores e, então, já sabe fazer. Alex
– Se um pintor gosta de um quadro e o pintor o faz como acredita que deva ser feito, o faz à sua maneira. Digo isso porque El Greco pintou seu filho; e Picasso, outra obra, seguindo seu estilo. Irene
– Um pintor fez uma coisa que custou muito, e outro, que não sabe fazê-la, aprende olhando daquele que sabe. Dídac
– Se um pintor gosta de um quadro, se quiser, pode copiá-lo. Mário

Grupo B
– Copiar alguma coisa de quadros de outros pintores. Enric
– Fixava-se nas cores e em outras coisas que não tinha feito. Tirar uma idéia de outro quadro. Marta
– Como se copiássemos um pouco dos quadros de outros pintores. Cecília
– Copiar um quadro, mas à sua maneira. Edgar
– Fazer o quadro igual, mas com as cores mais escuras. Miréia
– Fazer o mesmo, mas copiando só algumas coisas. Anna

Para o grupo A, a definição que sintetiza a conversa sobre essa questão é a apresentada por Laura R.: *Ter influências não é copiar, é aprender a fazer uma coisa que se quer aprender, que se encontra em outros pintores e se tenta fazer.*

Por sua vez, para o grupo B, a definição é coletiva, e se apresenta nos seguintes termos: *Influência quer dizer copiar idéias de outro pintor.*

Esse momento do projeto nos permite destacar duas considerações. Por um lado, o fato de que os alunos aprendem um dos outros, o que fará parte da educação de suas responsabilidades e da aprendizagem compartilhada. Assim, começam a ver que daquilo que falam em aula, aprendem; que suas manifestações são importantes para os outros. Pouco a pouco, esse caminho irá levando-os a responsabilizar-se por aquilo que dizem, e, mais adiante, a fundamentar suas opiniões com referências e apoios de outros autores ou experiências.

Por outro lado, manifesta-se o caráter não-mimético e reprodutivo dos processo que acontecem durante o desenvolvimento de um projeto, ainda que seja, como nesse caso, no fato de que as duas professoras compartilhem a seqüência do mesmo.

Como se pinta a luz?

Recordando a visita à exposição, num dado momento, no jogo de perguntas e respostas com a monitora, aparece a questão de como se consegue pintar a luz. Essa pergunta não tem, então, resposta, e é retomada na sala de aula. A professora sugere que podem visitar o atelier de uma pintora para que os ajude a responder a essa questão.

Antes de realizar a visita, falou-se com a pintora e lhe foi dito que queriam saber como se criavam os efeitos de luz com a pintura.

Quando chegaram ao atelier, a pintora dividiu as crianças em dois grupos. Uns pintariam uma natureza-morta, os outros fariam uma colagem.

A pintora lhes explica o que é uma natureza-morta e a define. Diz às crianças que, antes de pintar, devem concentrar-se, olhar, calar, pensar e imaginar as formas, os objetos que vão desenhar.

Pergunta-lhes como é um jarro. As crianças dizem que é alto e alongado.

A pintora coloca um foco de luz que cai de lado sobre o jarro, o que faz com que parte dele fique iluminada e outra mais sombreada. Diz então às crianças que pensem, transformem e desenhem. A parte mais clara com cores vivas, quentes (vermelho, amarelo, laranja, cores de fogo,...). A parte mais escura, com cores frias (azuis, cinzas, ...cores de névoa e de neve).

Enquanto isso, o outro grupo fazia uma colagem, em que não se levava em conta a questão proposta pelo grupo.

Quando, durante o desenvolvimento de um projeto, refletimos sobre as decisões que vão sendo tomadas, vemos, com freqüência, que se estabelecem problemas interessantes, mas que depois, por razões diversas (imediatismo, falta de recursos, ...), não se aproveitam para que os alunos continuem aprendendo.

A visita ao atelier da pintora é um exemplo desse tipo de situações valiosas, mas pouco aproveitadas, para que os alunos pudessem pesquisar o problema que se haviam proposto. Eles e elas tinham visto, nas obras de El Greco, que a luz tinha um papel muito importante. Por isso haviam se interessado em saber como aquilo era feito. No entanto, as pistas que a pintora lhes oferece dificilmente vão permitir que continuem aprendendo e, de certa maneira, não resolvem sua inquietação da mesma forma que se poderia apreciar nas "naturezas-mortas" que fizeram, se isso fosse possível nessa narrativa.

Nesse caso, resolver, numa curta visita, um problema tão complexo e de tanta "história" na arte torna-se, no mínimo, ousado. Pretender enfrentá-lo, além disso, pela via da ação, pode ter como resultado parar no meio do caminho. Havia outras possibilidades.

Há pintores que se propõem o problema da luz e que recolhem, numa seqüência fotográfica ou em vídeo, como vão trabalhando esse efeito. Mostrar esse trabalho teria sido uma alternativa que destacaria a idéia de processo, de seqüência, de planejamento,...

Também existem tratados nos quais se explica com detalhes a como alcançar tal efeito. Tratados que não só se referem à questão técnica, mas também ao propósito de abordar questões formais e intelectuais, problemas de primazia no momento de introduzir a terceira dimensão nas obras.

Poderiam ter sido tomados diferentes exemplos ao longo da história da pintura de como se aborda a questão da luz. Assim, os alunos teriam visto que o problema não é só o como pintar "a luz projetada pelo foco", mas que, em cada época ou movimento artístico, isso é interpretado de uma maneira diferente.

Enfim, se quisermos abordar de maneira prática, podemos começar com o efeito de sombreado e prosseguir com a questão da cor. Mas, abordá-lo numa só sessão deixa mais intuições abertas do que alternativas apresentadas.

Às voltas com as influências

Volta-se a assistir ao vídeo com o qual se iniciou o projeto, mas, agora, com um problema concreto: que influências de outros pintores recebeu El Greco em sua obra? A síntese de suas respostas, recolhidas da discussão em sala de aula, foi:

> De Tiziano: a maneira de fazer os personagens, como os posiciona e a luz.
> De Tintoretto: a expressão, a perspectiva e a arquitetura.

Aprender a formar uma opinião

Nos projetos, a imprensa é uma das fontes de informação mais utilizadas em aula. Nesse caso, a notícia intitulada "Debate aberto sobre a restauração", publicada em *La Vanguardia*, em que se resenhavam opiniões a favor e contra a forma de restauração apresentada em "O cavalheiro da mão no peito", abriu caminho às opiniões das crianças sobre o estado da obra que haviam visto na exposição.

Depois, cada uma escreveu sua opinião sobre a notícia. Um dos meninos destacou:

"Acho que os do Museu do Prado têm razão. Deve-se estudar antes de restaurá-la, para não fazê-lo mal."

De onde vêm os quadros de uma exposição e outras visões sobre El Greco

Essa última parte tem sua origem numa inquietação que surge durante a investigação do projeto. Num momento do mesmo, um dos alunos perguntou de onde vinham os quadros para a exposição. Em outro momento, falou-se em como a obra de El Greco não tinha sido valorizada durante um tempo e que um grupo de artistas de Barcelona começou a apreciá-la no início deste século.

Para explorar essas circunstâncias, organizou-se uma excursão a Sitges, para visitar o Museu de Cau Ferrat. Ali encontraram dois dos quadros que tinham visto na exposição de Barcelona (Madalena e São Pedro). Dessa maneira, ficava respondida a perguntas formulada por uma menina: de onde trazem os quadros para fazer uma exposição? Agora tinham uma resposta: de outros museus e de coleções particulares.

No museu, havia uma cópia do quadro "O cavalheiro da mão no peito", de um autor anônimo. Diante do quadro, foi-lhes perguntado: *Por que se vê que não é de El Greco?* Algumas das respostas foram:

Os olhos não brilham.
Não tem tanta luz.
A pele é mais escura (no rosto e nas mãos).
A luz vem de cima.
Se vê mais a silhueta.
A mão está mais parada.
Não se vê tanto a espada.
Não se vê tanto as cores.

Recebem então a explicação que aquele museu foi o atelier de Santiago Rusiñol, que era pintor e colecionador e tinha comprado os quadros de El Greco em Paris. Rusiñol admirava El Greco e, por isso, foi organizada uma coleta para encomendar uma estátua e colocá-la em Sitges. O governo não quis colaborar, porque El Greco não era um espanhol e por considerar que haviam outros pintores mais conhecidos do que ele.

À tarde, fizeram um desenho à mão livre da estátua que se encontra no passeio marítimo de Stiges.

A avaliação: como reconhecer e saber que um quadro é de El Greco?

Para avaliar o projeto, foram mostrados às crianças diferentes temas pintados por El Greco, aos quais foram reunidas outras obras do mesmo tema, pintadas por outros autores da época. As turmas foram distribuídas em grupos aos quais se perguntou: Como você reconhece e sabe que um quadro é de El Greco e por quê?

Como você reconhece e sabe que um quadro é de El Greco e por quê?

Série de Madalena	Série de São Jerônimo	Série de São Paulo	Série de São Francisco
– Pelos símbolos (a hera).	– Nota-se que o vestido está com pregas (volume e forma).	– Com as cores claras, faz a luz sobre as cores escuras.	– O fundo tem relevo.
– Porque as mãos pintadas por El Greco sempre dizem alguma coisa.	– A forma das mãos. Sempre faz alguma coisa com as mãos.	– Rostos alongados.	– As mãos com movimento.
– Pelo volume que dá à cabeça, às pessoas. Há outros que o fazem plano.	– Os olhos tristes e sérios.	– Faz as mãos com movimento.	– Corpo alongado.
– Por causa da luz que se vê de onde vem.	– Os rostos compridos.	– O fundo tem arquitetura e é influência de Tintoretto.	– Tem mais luz.
– O corpo é mais alongado.	– As mãos alongadas.	– A extensão do corpo.	– Vê-se muito bem de onde vem a luz.
– Inventa formas com as mãos.	– Utiliza o branco para criar luz.		– Figuras alongadas.
	– Dá forma com a luz.		– Parece que as mãos se movimentam.

Nessas respostas, podemos observar o papel das situações novas para encontrar evidências sobre como os alunos estão aprendendo.

Em que momento aprendi mais? O papel do portfólio.

A segunda parte da avaliação consistiu em entregar-lhes o portfólio, com todo o caminho que tinham percorrido, e perguntar-lhes: Em que momento você aprendeu mais?

Mediante essa experiência de auto-reflexão, os alunos reconstruíram o processo seguido e destacaram as situações mais significativas desse percurso tal como está registrado a seguir.

Grupo A

- Na página 3. Me interessa muito, porque fala de como era a vida no século XVI. Cristina
- Bem, vendo o vídeo, porque explica muitas coisas de El Greco, de Tiziano e de Tintoretto. Diziam que Tintoretto fazia arquitetura e que Tiziano aprendeu a fazer a luz. Por isso, aprendemos muitas coisas. Irene
- No trabalho em duplas, porque foi onde mais me esforcei, apesar de que meu companheiro não sei se aprendeu as diferenças e semelhanças de El Greco, porque não parava de falar e eu não parava de pensar. Se outro menino fala, vão embora todas as idéias da minha cabeça. Dídac
- Na página 4, porque diz em que época nasceu e porque a igreja católica mandava muito. Me interessa. Aprendi que nasceu em Creta e que morreu em Toledo. Olga
- Eu aprendi com o mapa, que nasceu em Creta, que viajou. Conheci suas viagens e me serviram para conhecer nomes de lugares do mundo e onde ficam. Também aprendi o que é um mapa. Laura D.
- Eu aprendi mais no trabalho do mapa. Me interessava saber por onde viajou. Que viveu em Veneza, em Roma e que ficou em Toledo. Eu nunca tinha trabalhado com um mapa e agora soube para que serve um mapa, e assim a gente sabe onde estão os países. Júlia
- Eu aprendi com os livros e com as explicações de M. (a professora), porque escuto muito. Laura R.
- Com o trabalho do folheto da exposição de El Greco, e, na que nos explicaram todos os símbolos, aprendi o que queriam dizer. Alex
- Com a exposição e com o trabalho dos símbolos entendi o que queriam dizer. Araceli
- Com o mapa, porque agora sei onde ficam os países e por onde El Greco viajou. Ferran
- Com o mapa, porque agora sei onde nasceu, e aprendi muito com esse trabalho. Raimon
- Com o vídeo, pois explicava muitas coisas de como El Greco pintava. Jordi

Grupo B

- Em Cau Ferrat, porque tinha um quadro do Cavalheiro da mão no peito de outro pintor e era diferente. Mariana
- Em Cau Ferrat, porque a guia explicava coisas muito importantes de El Greco e de outros pintores. As coisas que a guia explicava foram: que Rusiñol gostava muito do jeito que El Greco pintava; tinha um Cavalheiro da mão no peito copiado de El Greco; tinha dois quadros de El Greco que tinham deixado na exposição do MNAC; que Rusiñol os tinha comprado em Paris. Que Rusiñol foi um dos primeiros que admirou El Greco. Cecília
- Eu aprendi muito no MNAC, quando estávamos no museu, aprendi com a monitora, que nos explicava que El Greco pintava temas religiosos e nos explicou quem era São Pedro e São Paulo. Marta
- Quando dissemos que o quadro era de El Greco e que diferenças tinha dos outros. Que um tinha luz e outro não, e o de El Greco tinha os rostos compridos. Gerard
- Eu aprendi muito no atelier de Anna Serra (a pintora), porque nos explicou como se fazia a luz num quadro. Eric
- Na página 8, porque aprendi o que queriam dizer os símbolos. Edgar
- Na página 10, porque aprendi as influências de Tiziano (a luz) e de Tintoretto (arquitetura). Dava volume e cor às coisas mais importantes. El Greco não seguia as normas daquela época em seus quadros. Carlota
- Na folha onde tínhamos que adivinhar qual era o quadro de El Greco e compará-lo com os outros. Tínhamos que explicar por que sabíamos que era de El Greco. Fazia as mãos com movimento, os rostos longos, portas e casas por influência de Tintoretto. Montse G.
- No MNAC, porque nos ensinaram quadros que nunca tínhamos visto, e, sobretudo, me entusiasmou ver o Cavalheiro da mão no peito. No atelier de Anna Serra (a pintora), aprendemos como se faz a luz num quadro. Borja
- Quando nos ensinaram os quadros, um era de El Greco e o outro não, porque já tínhamos aprendido as cores que usava, como pintava as mãos. Carla

- Com o trabalho de grupo (postal), porque todos nós dizíamos como El Greco pintava. Mario
- Com o mapa, porque conheci as viagens de El Greco e outros países. Albert
- Com o mapa, porque me interessa muito, pois, antes, não sabia se tinha ficado no seu país ou se viajou para outros lugares. Alex
- No museu, porque tinha muitos quadros. Agora, disse para meu pai que quero fazer um projeto de quadros de El Greco, Tintoretto e Tiziano. Sergi
- Eu aprendi com o trabalho do fundo de arquitetura e com o trabalho de comparar um quadro de El Greco com outro de outro pintor. Laia H.
- Com o vídeo. Porque tinha muitos quadros. E aprendi que fazia pinceladas. Arturo
- Com o trabalho que falava das influências da arquitetura de Tintoretto e da luz de Tiziano. El Greco não copia.
- Não entendi. Esther
- Aprendi mais no momento em que estávamos no MNAC, porque aprendi o que queria dizer um símbolo.
- Em Cau Ferrat, porque diferenciamos o Cavalheiro da mão no peito de El Greco e o do outro pintor. Santiago Rusiñol comprou os quadros de São Pedro e de Madalena, de El Greco, em Paris. Enric
- No MNAC, porque a guia explicou como tinham expressão as mãos e muitas coisas da Trindade. Quando vi o mapa, pude saber onde El Greco viveu.

Com essas evidências, as crianças de 6 e 7 anos mostraram que, quando se aproximam da cultura visual, a partir da perspectiva da compreensão (nesse caso em torno de aspectos relacionados com a representação das idéias), podem abordar questões não previstas pelos especialistas curriculares para essas idades, como a função dos símbolos, o papel das influências, a localização no tempo histórico, a relação da biografia com a geografia, o papel da luz nas obras pictóricas,...

A avaliação agora consiste em estabelecer-se a organização dessas evidências. Nesse sentido, é possível detectar uma tipologia de respostas atendendo à complexidade de sua elaboração:

a) descreve ou rememora um fato;

b) acrescenta à descrição um comentário sobre a importância desse fato;

c) incorpora à descrição elementos próprios e os relaciona com outros aspectos do projeto.

Talvez os comentários de Carlota (*El Greco não seguia as normas daquela época em seus quadros*), Cristina (*o que diz na página 3 me interessou muito, porque fala de como era a vida no século XVI*), Ferran (*no mapa, porque agora sei onde são os países por onde El Greco viajou*) e Maria (*no trabalho em que se falava das influências da arquitetura de Tintoretto e da luz de Tiziano. El Greco não copia.*) possam servir de síntese de algumas aprendizagens realizadas no projeto.

CAPÍTULO VIII
Ter saúde é viver de acordo com nós mesmos
Um projeto de trabalho na turma de
quinta série do Ensino Fundamental
Maite Mases, Fernando Hernández e Gemma Varela

Este exemplo foi retirado da pasta-portfólio de Gemma, uma aluna da turma de quinta série, na qual ela recolhe sua reordenação de um projeto. Acompanhamos sua trajetória por meio destas páginas porque, naquele momento, vimos um processo em que se refletia a consciência que tinha sobre o tema e sobre ela mesma. Mas, além disso, pelas pistas que pode oferecer ao leitor sobre o que significa para essa aluna realizar um projeto, e as relações que, a partir de sua elaboração, aprende a estabelecer, e porque nos leva a chamar a atenção sobre a diferença entre "o meio" e "a finalidade".

Nesse caso, o objetivo da professora é que os alunos aprendam a elaborar um caminho próprio de interpretação sobre um problema. A pasta, o dossiê, é o meio em que se reflete uma parte desse trajeto, nunca a finalidade do projeto. Além disso, o projeto tem uma história que não começa nem acaba em si mesmo e que nos situa diante dos dilemas que costumam ser propostos pelos docentes: a relação entre o que se trabalha no projeto e o planejamento curricular da série e da Escola. Muitos temas que se abrem nos levam à necessidade de um percurso por partes através do trajeto refletido por Gemma.

Para situar-se no contexto

Esse projeto surge após a abordagem de outros, sendo que cada um deles responde a uma pergunta-eixo que servia para organizar um processo de pesquisa. Assim, o tema do *Egito* se fazia acompanhar da pergunta: *Que problemas nos permitem resolver o estudo de um tema do passado?* O de *Minerais e Rochas* (foi realizado em grupos, e cada grupo pesquisou uma tipologia de minerais para tentar dar resposta à pergunta: *qual é o processo pelo qual os minerais formaram a crosta terrestre?*) e, por último, o projeto sobre *A Ecologia* tinha como referência a pergunta: *Por que os humanos continuam contaminando o planeta Terra?*

Nesses projetos, partia-se de uma série de hipóteses, de suposições. Por exemplo, diante da pergunta que move o projeto de *Ecologia*, foram formuladas uma série de respostas que teriam de ser verificadas ou rechaçadas com a pesquisa que a turma e cada aluno realizaria. Em parte, essas respostas dão pistas para situar os conhecimentos iniciais dos alunos, mas também constituem uma forma de situá-los e de valorizar os pontos de vista dos outros. Da lista de 25 respostas que foram recolhidas na sala de aula sobre *por que contaminamos o planeta?*, cada aluno selecionou três, que lhe interessaram de maneira especial, e aquelas que acrescentaria por sua própria resposta. Isso foi o que Gemma escreveu:

> - *Suponho que inventam máquinas e contaminam e também necessitam transportar-se com os automóveis e produtos que também contaminam (Anna)*
> - *Suponho que seja porque necessitamos fabricar ou produzir coisas que contaminam e também outra questão é a econômica. Também há métodos de transporte como o avião, automóvel e barco que contaminam. (Maiol)*
> - *Suponho que seja porque os humanos vivem numa era muito avançada em que inventaram luxos, e por isso contaminam. Os luxos, o automóvel, as máquinas etc. deixam resíduos tóxicos que matam animais e destroem a camada de ozônio. (Pablo)*
> - *Suponho que temos que prejudicar a nós mesmos para fabricar elementos úteis. (Gemma)*

Com esses antecedentes, podemos penetrar no projeto intitulado *A saúde: viver de acordo com nós mesmos*, que apresenta uma forma de trabalho, de certa maneira, exemplar, pois mostra como, a partir dos interesses e do questionamento pessoal, chega-se ao que preocupa tanto aos docentes, o estudo dos conteúdos escolares. No entanto, para Gemma, o mais importante foi o trajeto que percorreu, como enfrentou seu próprio processo de pesquisa. Esse ponto de vista, o de uma aluna, é o que queremos ressaltar para não cair na generalização, tão freqüente ao tornar pública a atividade docente.

Um projeto permite iniciar novos caminhos

O projeto sobre *A saúde* inicia perguntando se há outra maneira de questionar-se, além das que já tinham sido utilizadas anteriormente em outros projetos. Isso acontece porque, em cada projeto, os alunos devem propor novas estratégias e desafios em sua aprendizagem. Não há lugar para repetição e para o estereótipo nas atividades. No diálogo pedagógico, depois de comentar diferentes alternativas, propôs-se que também fosse possível começar partindo de uma AFIRMAÇÃO. Posição que constituiu-se, por sua vez, no ponto de partida para esclarecer o que queria dizer esse conceito.

Em relação ao tema da saúde, a frase que serviria como ponto de partida era:
Viver de acordo conosco mesmos nos faz ter saúde.

O sentido que adquire então a pesquisa que move o projeto passa a ser agora como argumentar essa afirmação? Para responder a essa pergunta, o grupo decidiu que, de maneira coletiva, deveria buscar evidências, informações, que servissem para argumentar a frase do início. Essa indagação se apresenta em três partes que servem como organizadores do índice coletivo:

> a) Diferentes pontos de vista sobre a saúde.
> b) A relação entre a saúde física e a saúde psíquica.
> c) As mudanças que estão sendo produzidas em nosso corpo.

A partir daí, cada aluno escolheu um aspecto para pesquisar por sua conta. Aspecto que seria incorporado ao índice de seu projeto, e com o qual, depois, contribuiria para o conhecimento do resto do grupo de aula. Gemma escolheu um aspecto que vinculava a saúde física à psíquica: a tensão ou o estresse (outros escolheram a puberdade, etc.). Essa possibilidade de abordar ao mesmo tempo a atividade individual com a grupal é uma característica dos projetos que permite abordar a diversidade e os interesses de cada aluno e com a qual não se homogeneíza o processo de aprendizagem.

A avaliação inicial não é uma rotina

Com freqüência, avaliar os conhecimentos iniciais dos alunos significa perguntar-lhes o que sabem ou o que querem saber. Ou também adiantar uma série de questões relacionadas com o tema objeto de estudo para evidenciar ao aluno "o que ele não sabe" e deve aprender.

Nesse exemplo, a avaliação inicial não teve um sentido de classificação, nem serviu para expor os conhecimentos "iniciais" dos alunos. De qualquer maneira, facilitou para cada estudante a oportunidade de mostrar "sua visão", o ponto em que se situava, partindo, isso sim, das perguntas que contêm a afirmação de partida e que podiam ser relacionadas com o item *b*, antes assinalado. Essa relação não foi fortuita, e sim resultado da consciência do grupo de que não se podia dar resposta ao item *a*, por falta de informação.

Para ilustrar o que os alunos escreveram, mostramos o que encontramos na pasta de recompilação de Gemma:

"Antes de argumentar o ponto de partida, devo explicar o que é saúde. Acho que saúde é não só não ter doenças, também é saber cuidar-se, e, para saber cuidar-se, é importante trabalhar a si mesmo, assim se pode tirar conclusões daquilo que pode ser feito para melhorar sua saúde, ou ver se já se faz direito.

A saúde também é não ter doenças psíquicas. Antes, disse que não só eram doenças, mas me referia a doenças físicas: quebrar um braço, pegar um resfriado, ter febre,...

A saúde é não angustiar-se, porque, se o fazemos assim, podemos nos esgotar psiquicamente, e nosso corpo não gosta disso, não necessita disso".

Com essa argumentação, Gemma está situando-se em relação a seu ponto de partida para enfrentar o tema da saúde. Um ponto de partida em que está vinculada a sua preocupação – isso fica evidenciado também em seu tema de pesquisa sobre o estresse – em ir além do fisiológico. Está acrescentando uma visão mais global do conceito de saúde. No que redunda quando, em seu texto, prossegue dando respostas à pergunta *o que é viver de acordo com nós mesmos?*

"Acho que viver de acordo com nós mesmos quer dizer aceitarmos a nós mesmos tal como somos, e não criar, em nosso cérebro, falsas ilusões, porque depois nos desanimamos. Outra coisa é que não se goste de nosso corpo".

Uma vez situada no tema, a partir de seu posicionamento diante da afirmação de partida, Gemma passou a responder aos itens *b* e *c* do índice coletivo:

• A relação entre saúde física e saúde psíquica.

"Antes de explicar a relação, é necessário explicar o que é cada uma das duas, para que, dessa maneira, se entenda a que conclusão cheguei.

Saúde física: acho que quer dizer saber o que devemos fazer para manter nosso corpo. Para não ficar afônica (além de não gritar), acho que há exercícios para evitá-lo; para não quebrar uma perna (ter cuidado).

Saúde psíquica: estar psiquicamente bem, não ter doenças, acho que também não estar preocupado, esgotar-se.

Conclusão: ambas coisas estão no corpo e as duas são feitas por você."

De novo, Gemma dá um passo a mais e vincula a noção de saúde física ao que se deve fazer para ter saúde, a previsão. Ao relacionar os dois componentes da saúde, assume sua implicação com respeito à saúde: não é algo que vem de fora, mas sim o "que você faz".

Diante da pergunta *Que mudanças meu corpo está fazendo*, observa seu próprio desenvolvimento e escreve:

"O seio começa a desenvolver-se um pouco, começam a me aparecer pêlos na vulva e nas axilas".

Cinco pontos de vista sobre o que é saúde

Uma vez posicionados diante do tema, Gemma e o grupo tratam de responder o ponto *a*, sobre o qual não tinham informação suficiente. Recorrem à procura de diferentes fontes que dêem respostas à questão *o que é saúde*. Dado que não se trata de realizar uma atividade de recompilação, são escolhidas as cinco definições mais relevantes, diante das quais cada um se posiciona. Este é o quadro em que Gemma apresenta sua síntese:

Ponto de vista	Opinião própria
1. Segundo a OMS, a saúde é o estado de completo bem-estar físico, mental e social, e não tão-somente a ausência de infecções ou doenças.	1. Acho que é a que está mais completa, já que explica uma lista de coisas sobre o bem-estar. Mas também explica que não é só não ter doenças.
2. Saúde, estado em que o organismo, livre de doenças, exerce normalmente todas suas funções.	2. Deveria estar mais clara, apesar de ter bastante informação.
3. Saúde, estado de bom estado geral, tanto físico como psíquico.	3. Acho que está incompleta, se explicassem mais coisas e não resumissem tanto a informação, seria bem mais completa.
4. Saúde, estado da pessoa que está bem, que não tem nenhuma doença.	4. Acho que a saúde não é não ter doença, aqui falta informação.
5. Saúde, estado do organismo em que se realizam normalmente, e sem nenhuma ajuda de remédios ou de aparelhos ortopédicos, todas suas funções.	5. Acho que essa definição é muito geral.

Do que se trata nessas primeiras fases é de colocar cada aluno em posição de avaliar a informação. Isso implica aprender a argumentar e avaliar não somente a informação, mas também as opiniões dos outros. A partir desse ponto de partida, o grupo começa a explorar os diferentes itens do projeto.

Relação entre a saúde física e a saúde psíquica

Num projeto, por meio do processo de compreensão que se favorece, os alunos podem estabelecer relações entre o problema objeto de pesquisa e suas próprias experiências. Partindo desse ponto de vista, Gemma estabelece a seguinte relação, para explicar o que influi na saúde:

> SAÚDE
> FÍSICA – PSÍQUICA
>
> TER UM BOM ENTORNO
> familiar, amigos, escolar, trabalho, diversão, ...

A partir de sua experiência cotidiana, Gemma especifica quais são os diferentes entornos que influem na saúde: o entorno familiar, o dos amigos: da cidade, os vizinhos, e os amigos do "ESPLAI"; o entorno escolar, do qual fazem parte os companheiros, os monitores do refeitório e os professores; o entorno de diversão, que para ela significa *fazer alguma coisa que me apeteça,* como ler, escrever, tocar piano, cantar, ver televisão, andar de bicicleta, e, sobretudo, brincar. Com todos eles, desenha seu universo de socialização ao qual vincula sua noção de saúde.

Situações que criam preocupações às crianças e meninas de quinta série

Se a saúde consiste em viver de acordo consigo mesmo, uma das causas que podem romper esse equilíbrio são os temores que afetam o grupo, e que não costumam ter um lugar entre os conhecimentos escolares. O quadro seguinte recolhe as preocupações do grupo e as estratégias que apresentaram, entre eles, para enfrentá-las.

Situações que preocupam as crianças da turma	Alternativas para algumas dessas situações
* Suspender uma prova * Não ter os trabalhos em dia. * Fazer um trabalho malfeito. * Discutir com os pais. * Estar nervoso e não saber por quê. * Ter medo das normas. * Quando fazemos uma coisa mal, e esperamos bronca. * Ter fobias (lugares fechados, cair no metrô, que não entrem em casa) * O que nos pode acontecer quando formos maiores? * O que vai acontecer com nossos pais e familiares? * Ter medo da AIDS, ou de outras doenças. * Que nos ataquem. * Ter medo da guerra. * Sofrer um acidente de carro. * Ter medo dos espíritos (a Virgem, os extraterrestres). * Ter medo de ir para o hospital. * Ter crenças diferentes das da maioria (discriminação). * Ter medo de um filme de terror.	* Voltar a aprender aquilo em que não se foi bem numa prova. * Fazer o que for necessário para ter os trabalhos em dia, o mais rápido possível. * Retificar um trabalho malfeito, até que fique bem. * Ter confiança nos pais, conhecer o motivo da discussão. ***Ter confiança em mim e utilizar alguma estratégia para relaxar-me.
	Essa alternativa levou-os a assinalar algumas estratégias para enfrentá-la: – banhar-se, – dormir, – passear, – brincar, – escutar música suave, – tomar chás de ervas, – ler comodamente, – falar sobre a preocupação, – tomar ar, – fechar os olhos e olhar para o céu, – molhar o rosto, – gritar, – morder alguma coisa, – rasgar papéis.

Como a lista anterior era muito extensa, escolheu-se uma das situações que lhes preocupava para enfrentá-la em sala de aula. Foi a de *algumas estratégias para não ter medo de ir ao hospital*. Com essa intenção, uma enfermeira pediatra de um hospital de Barcelona foi até a Escola para buscar alternativas para as situações de preocupação. Esse foi o resumo de Gemma do que lhes disse a convidada:

> *Algumas pessoas pensam que, quando vamos a um hospital, é porque alguma parte do corpo não está bem. Ficamos nervosos ou tensos. Mas não é assim: vamos ao hospital para que nos curem. Nos hospitais, para curar algumas doenças ou alergias, são utilizados diferentes materiais para que não se fique tão nervoso: quadrinhos com um personagem que tem a mesma doença que você e que se cura; visitar outras pessoas com a mesma doença que você, para que você se acostume; grupos especiais com sua mesma doença,...*

> *Às vezes, fazem exames em você: correr, respirar. Quando os exames são mais complicadas, como tirar seu sangue, ... o melhor que se pode fazer é pensar que tudo vai ficar bem, pensar em outra coisa, cantar, distrair-se, ou seja, psiquicamente, não pensar no mal que lhe fará, porque se lhe tiram um pouco de sangue e você fica imaginando ou exagerando, lhe faz mais mal.*
>
> *Se é necessário fazer exames diariamente, na terceira ou quarta vez já não lhe faz mal, porque é tão normal quanto a vida cotidiana.*

No mesmo período em que se realizava esse trabalho, que, de novo, conecta-se com suas preocupações e lhes ajuda a encontrar respostas, Gemma continuava pesquisando o tema de seu interesse, e que seria sua contribuição para a turma.

A pesquisa de Gemma: a tensão ou o estresse

Gemma escreve, em seu dossiê, a informação que foi recolhendo de diferentes fontes, e a organiza e sintetiza de maneira pessoal.

"O que é a tensão? É estar alterado ou nervoso por alguma coisa. A tensão altera todo nosso corpo. Como se provoca a tensão?

Elementos que provocam a tensão:

a) ambientais: ruídos, fumaça, aglomerações, etc., b) de trabalho: tomar decisões, produzir idéias, relação social, c) econômicas: pagar contas (uma situação de que ninguém gosta).

Reação das pessoas diante da tensão:

Algumas reagem dormindo, outras recorrem ao álcool. As pessoas que reagem dormindo podem ter pesadelos, então é possível que gritem, que peçam auxílio, 'que tenham mal corpo'.

Quando se acumulam problemas, nós, pessoas, reagimos fisicamente: com cara amarrada, exigindo, sem escutar, sem pensar, ou seja, enquanto não resolvemos o problema, só pensamos naquilo, ainda que seja inconscientemente."

Como se pode apreciar, a trajetória de Gemma (e do grupo) é um caminho de constante ida e vinda na pesquisa sobre um problema concreto acompanhado pela busca de alternativas. Por isso, perguntam-se: se a saúde tem a ver com o cuidado do corpo, como enfrentá-lo? Como resposta, Gemma recolhe em sua compilação o seguinte:

"**Relação entre a saúde psíquica e física.
Como cuidar de nosso corpo?**

Cuidar da alimentação

Antes de cada refeição, devemos lavar as mãos. É conveniente comer de maneira variada: ovos, leite, carne, ... Mas não é bom comer frituras, por isso é conveniente não comê-las em excesso. Também não se deve comer muito, já que é um sintoma de que se tem estresse, tensão. Isso é, comer o suficiente para manter nosso corpo. É conveniente comer verduras: couve, vagem, cenoura, acelga, etc. Também massa: sopa, macarrão, espaguete, porque estamos em fase de crescimento e esses alimentos e produtos lácteos fortalecem nosso corpo. Depois de cada refeição, devemos escovar os dentes.

Cuidar da higiene
Pela manhã, temos que lavar o rosto, as mãos e os dentes.
É necessário mudar a roupa todos os dias, ou, pelo menos, a roupa interior. Quando voltamos para casa cansados do trabalho, suados, vai muito bem uma ducha. Como também é muito bom limpar e cortar as unhas, quando for necessário. Lavar-se e usar desodorante nas axilas que produzem mau cheiro e lavar os pés.

Fazer exercícios
É bom praticar esportes ou caminhar e fazer excursões.
O esporte é bom para fazer exercício, mas não em excesso, porque não dá tempo para que o corpo descanse. É bom caminhar, mas sem cansar-se demais. Fazer excursões é bom, mas não se você não pode agüentar. No esporte, há competições que podem produzir estresse.

Cuidar do descanso
Para cuidar do descanso, é importante ter um bom relaxamento. O relaxamento pode ser conseguido dormindo num lugar silencioso, por exemplo num campo ou num bosque, onde, além de relaxar, também é importante estabelecer contato com a natureza."

O que está acontecendo comigo?

Outro dos itens do índice era observar as mudanças que estavam se produzindo nos meninos e meninas da turma. Gemma, diante de uma ilustração na qual se apresentam três momentos do desenvolvimento físico de uma mulher, escreve:

"Eu estou entre o corpo A e o corpo B. Nesse processo, meu corpo fez estas mudanças: começaram a se desenvolver um pouco meus seios, tenho alguns poucos pêlos na vagina. Nas axilas, quase não tenho pelinhos.
Claro que, na medida em que for crescendo, vou ser mais alta e vou pesar mais."

Da mesma maneira, diante de três figuras masculinas, escreve como resposta à pergunta *o que está acontecendo com os meninos?*

"Estão mais altos. Têm pêlos pelo corpo: nas axilas, no pênis e no rosto. Crescem seus pés e seus testículos. Alargam-se suas costas. Têm mudanças hormonais (mau cheiro) e mudanças na voz."

Até aqui, o ponto de chegada. O ponto que cobre a trajetória fixada no início do projeto.

Da saúde a um novo caminho: a nutrição

Mas um tema de um projeto não pode ser um ponto de chegada. De todo modo, pode ser considerado um início que a turma vai decidindo como abordar e organizar. Nesse caso, a relação entre a saúde, o cuidado do corpo e a importância da alimentação levou Gemma a um novo foco de atenção que não estava inicialmente previsto: a relação da saúde com a nutrição. Gemma abre seu caminho com o índice individual que lhe servirá para organizar seu trajeto:

"A nutrição
– O que é nutrição?
– Tipos de alimentos - esquema.
– A roda dos alimentos.
– Breve história da alimentação.
– Estudo de um cardápio semanal de nossa Escola. Avaliação.
– Receita de um alimento muito natural: mel e coalhada."

Cada um desses itens serve para Gemma organizar seu estudo e sua relação com a informação. A cada um deles vai tratando de responder a partir de suas leituras e do contraste com os outros.

O que é a nutrição?

"A nutrição é o efeito de alimentar-se. A nutrição é a mesma coisa que a alimentação. Para ter uma boa saúde psíquica e física, é importante ter uma boa alimentação, porque dela depende que nosso corpo esteja são e com energia em todo o processo de nossa vida.
Como mamíferos que somos, primeiro só nos alimentamos de leite, e, pouco a pouco, à medida que vamos crescendo, vamos utilizando outros alimentos que são importantes para nosso crescimento."

NASCER............CRESCER............REPRODUZIR-SE...............MORRER
NUTRIR-SE

Essa introdução o leva a recolher a tipologia dos componentes dos alimentos e a organizá-los em forma de esquema (nos limitamos a adaptar aquilo que ela fez, no dossiê, ao formato do computador).

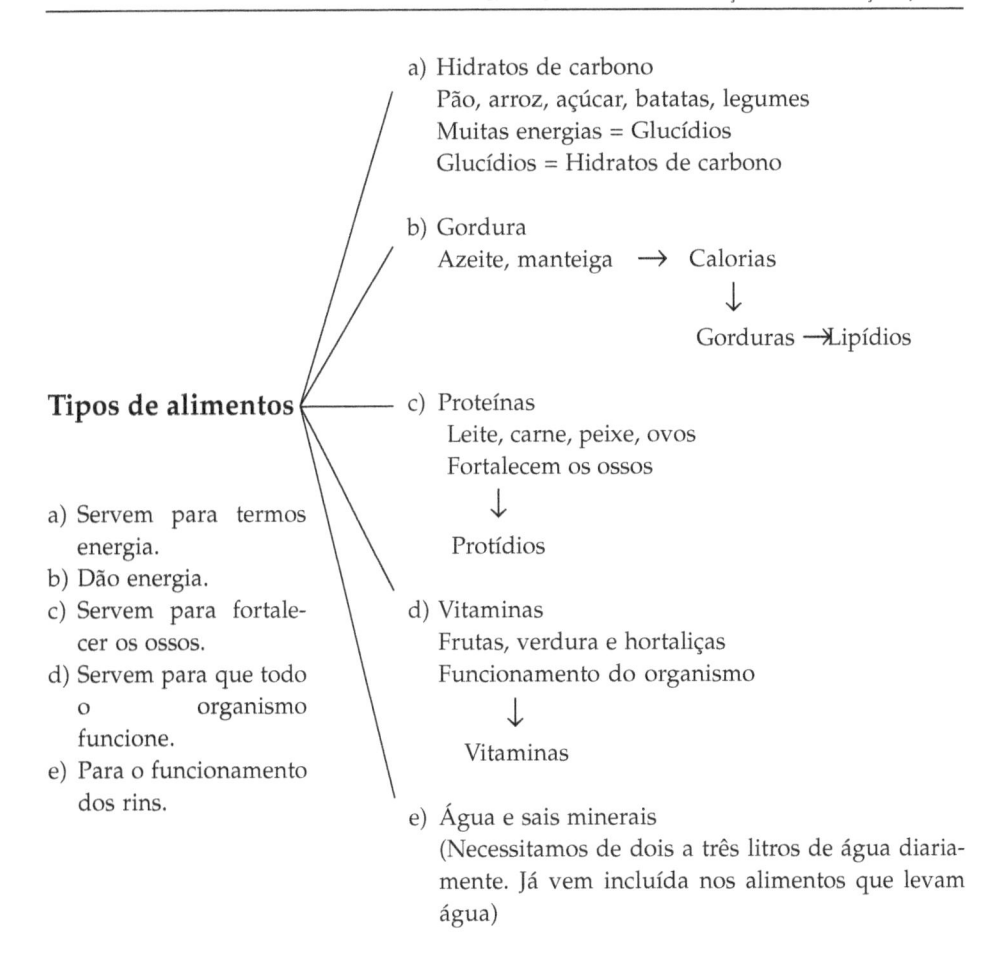

Tipos de alimentos

a) Servem para termos energia.
b) Dão energia.
c) Servem para fortalecer os ossos.
d) Servem para que todo o organismo funcione.
e) Para o funcionamento dos rins.

a) Hidratos de carbono
   Pão, arroz, açúcar, batatas, legumes
   Muitas energias = Glucídios
   Glucídios = Hidratos de carbono

b) Gordura
   Azeite, manteiga → Calorias
   ↓
   Gorduras →Lipídios

c) Proteínas
   Leite, carne, peixe, ovos
   Fortalecem os ossos
   ↓
   Protídios

d) Vitaminas
   Frutas, verdura e hortaliças
   Funcionamento do organismo
   ↓
   Vitaminas

e) Água e sais minerais
   (Necessitamos de dois a três litros de água diariamente. Já vem incluída nos alimentos que levam água)

SE COMERMOS 1 OU 2 ALIMENTOS DE CADA
GRUPO POR DIA, ESTAREMOS MUITO
SAUDÁVEIS E FAREMOS UMA DIETA EQUILIBRADA

Estudo do cardápio semanal da Escola

Para que a pesquisa não fique um mero conhecimento factual e conceitual, Gemma aplica o que aprendeu a uma situação próxima: a análise dos componentes nutritivos dos alimentos que formam o seguinte cardápio semanal da Escola. Junto com a fotocópia do cardápio, Gemma escreve:

> SEGUNDA-FEIRA
> a) Espaguete com orégano. *O espaguete, como é feito de farinha, ou seja, é uma massa, nos dá energias:* HIDRATOS DE CARBONO.
> b) A omelete de atum. *Os ovos e o atum são proteínas e fazem com que nosso corpo se fortaleça.*
> c) A salada. *Nos proporciona* VITAMINAS *que fazem com que nosso organismo funcione bem.*
> d) Iogurte e *petit suisse. São derivados lácteos e dão mais proteínas e cálcio.*
>
> TERÇA-FEIRA
> a) A salada russa. *Tem basicamente hidratos de carbono:* ENERGIA.
> b) Hambúrguer com *ketchup. Dá proteínas. O ketchup é tomate, que dá* VITAMINAS.
> c) Fruta. *Dá* VITAMINAS.
>
> QUARTA-FEIRA
> a) Batatas com verdura. *Dá energia:* VITAMINAS *e hidratos de carbono.*
> b) Salsichas com tomate. *Trazem proteínas.*
> c) Fruta. *Dá* VITAMINAS.
>
> QUINTA-FEIRA
> a) Salada de legumes. *Dão glucídios: energia.*
> b) Filé de merluza. *Peixe dá proteínas que fortalecem os ossos.*
> c) Salada. *São proteínas que fazem com que os ossos se fortaleçam e que o organismo funcione bem.*
>
> SEXTA-FEIRA
> a) Sopa. *A massa dá glucídios:* MUITAS ENERGIAS.
> b) Galinha. *Nos dá energia.*
> c) Salada. VITAMINAS: *fazem com que o organismo funcione bem.*
> d) Fruta. *Dá* VITAMINAS.
>
> *A comida da Escola é muito rica em nutrientes, mas como a transportam e demoram para nos servir, fica frio e ruim. Poderíamos dizer, no entanto, que é uma dieta equilibrada.*

Receita de um alimento natural

As situações de transferência servem como exemplos do processo de aprendizagem que se está realizando. Nesse caso, o fato de apresentar uma receita não só lhe permite organizar a seqüência de passos, mas também avaliar, com os elementos aprendidos, o valor nutritivo do alimento escolhido.

"MEL E COALHADA (Mel e MATÓ)
Como se faz a coalhada?
Necessita-se de: 1 copo de leite, 2 colheres de açúcar e meio limão.
1. Aquece-se o leite numa panela.
2. Quando estiver quente, coloca-se num outro recipiente e acrescentam-se umas gotas de suco de limão.
3. Deixa-se repousar por duas horas. Depois, com um coador, se separa o líquido da coalhada.
4. Coloca-se a coalhada num copo e acrescentam-se duas colheradas de mel.
Esse alimento nos dá proteínas, cálcio e glicídios. É necessário, na fase de crescimento."

Breve história da alimentação

A seguir, Gemma organiza, em cartazes coloridos, 22 fatos relevantes da história da alimentação. Esses fatos são agrupados com critérios temporais em três categorias: antes de Cristo, depois de Cristo e a partir da revolução da indústria da conserva.

Avaliação

No último item de sua recompilação, aparece a prova de avaliação pela professora. O que a prova pretende fazer é que Gemma reconstrua e argumente o processo seguido e a ajudar a situar-se diante de sua própria aprendizagem. Essas são as quatro perguntas que servem como pretexto para que a professora a proponha. Recolhemos também parte das respostas de Gemma, das quais excluímos o que já aparece, de uma maneira mais ou menos literal, na recompilação que ela realiza do projeto.

1. Escreva o ponto de partida do projeto. Argumente essa afirmação em sua vida cotidiana (2 pontos).

"Acho que viver de acordo com nós mesmos quer dizer que não devamos ir além de nossas possibilidades. Por isso, foi importante trabalharnos, para saber quais são os nossos limites e não colocá-los além dos nossos. Mas não é só isso. Diante de um problema, o que se deve fazer é refletir e não agoniar-se.
(Nesse Projeto, trabalhamos muitas coisas que acontecem conosco e buscamos alternativas, mas eram explicações para serem entregues ou trabalhos. Esse comentário está diretamente ligado ao PP - Ponto de Partida).
Viver de acordo com nós mesmos também é cuidar de nosso corpo, cuidar da alimentação que se come, do exercício que fazemos e também do descanso. Se cuidamos disso, cuidaremos de nosso corpo. E viver com nós mesmos é mais fácil se o cuidamos." (Avaliação: 2)

2. A saúde tem diferentes enfoques para explicá-la. Argumente sua opinião e explique como você relaciona a saúde física com a saúde psíquica. (2 pontos)

"Segundo a OMS (Organização Mundial da Saúde), a saúde é o completo bem-estar físico, psíquico e social. E não é só a ausência de infecções ou doenças.

Há outros pontos de vista, mas esse é o que responde melhor à pergunta *o que é saúde?* e também é o mais vinculado ao ponto de partida, porque, se temos bem-estar, quer dizer que estamos mais de acordo com nós mesmos."

```
SAÚDE FÍSICA-PSÍQUICA

BOM AMBIENTE FAMILIAR, AMIGOS,
ESCOLA, DIVERSÃO, SOCIAL
```

"Esse pequeno esquema tenta explicar que o físico e o psíquico se relacionam através do bom ambiente dos dois, físico e psíquico. Mas também se relaciona de outra maneira, através da saúde. Porque se falta saúde mental, não se tem saúde total, só se tem uma parte, a física; e se falta saúde física, ao contrário. Ou seja, se complementam." (Avaliação: 2)

3. Mudanças que estão acontecendo em seu corpo. (2 pontos)

"Meu corpo está fazendo as seguintes mudanças: o seio está ficando maior e o mamilo cresce um pouco. No púbis tenho alguns pelinhos, e, nas axilas, quase nada. As axilas, às vezes cheiram e tenho de tomar banho com mais freqüência, porque suo mais. Estou mais alta e peso mais. Suponho que meu corpo esteja fazendo mais mudanças, mas só noto essas." (Avaliação: 1,5)

4. Argumente seu índice individual, explique os conteúdos que você aprendeu e que não tenham sido trabalhados no índice coletivo. (Você pode utilizar uma lista, um esquema, um resumo.) (4 pontos)

"(...) Decidi trabalhar a nutrição porque é uma das coisas mais importante de nossa vida. Também decidi trabalhar a nutrição porque me interessava saber uma série de coisas sobre nutrição. Qual é a dieta equilibrada, que tipos de alimentos há, ... O mais importante que aprendi foi o que é a nutrição e os tipos de alimentos (...)." (Avaliação: 3,5)

Volta então a reproduzir o esquema dos diferentes tipos de alimentos e faz uma síntese dos pontos do índice. Na devolução das avaliações aos alunos, a professora lhes explica o porquê da pontuação que cada um obteve.

A síntese organizativa do projeto: o mapa de Gemma

No início de sua recompilação, Gemma recolhe um esquema organizador de seu trajeto pelo projeto que foi realizado ao final do mesmo.

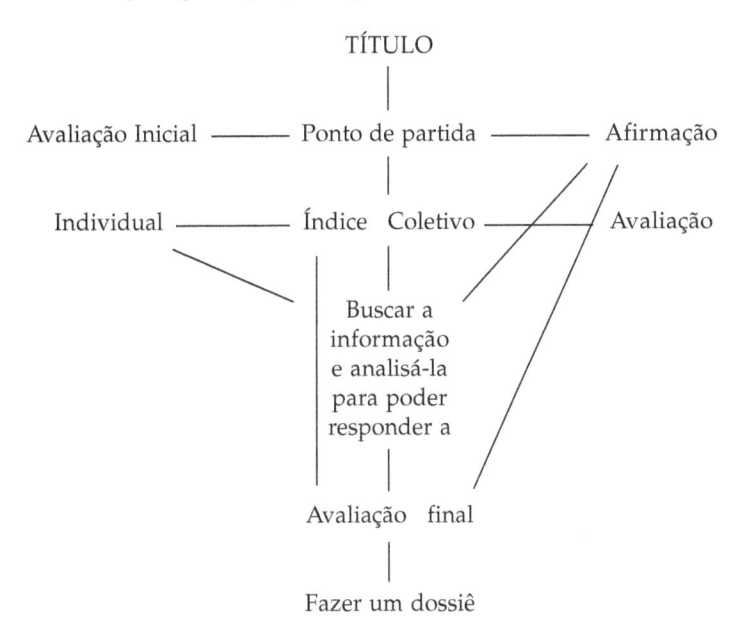

```
                            TÍTULO
                              |
Avaliação Inicial ——— Ponto de partida ——— Afirmação
                              |
   Individual ——————— Índice Coletivo ——————— Avaliação
                              |
                         Buscar a
                         informação
                         e analisá-la
                         para poder
                         responder a
                              |
                       Avaliação final
                              |
                       Fazer um dossiê
```

Organização do Projeto de Trabalho de Gemma

Aprender a reconceitualizar o processo seguido, esboçar as relações estabelecidas, ser consciente dos procedimentos utilizados, avançar no desenvolvimento da conceitualização mediante a interpretação da informação e a compreensão da relação de cada aluno com os temas tratados, essas são algumas das finalidades do trabalho escolar por projetos. A conexão com os conteúdos do currículo escolar é a tarefa com a qual a professora finaliza sua participação no projeto. Em certo sentido, Gemma e sua professora seguem um processo paralelo em que ambas, desde pontos de vista diferentes, encontram novos caminhos para continuar aprendendo.

Referências bibliográficas

BERLINER, D. (1992) Redesigning Classroom Activities for the future. *Educational Technology*, p. 33, 10, 7-13.
BERSTEIN, B. (1995) Pedagogic Discourse: a sociological analysis. Buenos Aires. *Congresso Internacional de Educação*. (mimeo)
BIRD, M. (1996) System overload. *Time Internacional*, 9, 12 (38-39)
BOIX-MANSILLA, V. (1997) De saberes escolares a comprensión disciplinaria: el desafío pedagógico de una educación de calidad. *Kikirikí*. Cooperación Educativa, pp. 42-43, p. 55-62.
BRUNER, J. (1963) *El proceso de la educación*. México: UTHEA (1960).
——. (1969) *Hacia una teoria de la instrucción*. México: UTHEA (1965).
CARTER, C & DEWAYNE, A. (1997) Cognitive Effects of Curriculum Integration. Comunicação apresentada no *Congresso da AERA* (American Educational Research Association). Chicago. (mimeo)
COLL, C. (1996) Constructivismo y educación escolar: ni hablamos siempre de lo mismo, ni lo hacemos siempre desde la misma perspectiva epistemológica. *Anuario de Psicología*, 69, pp. 153-178.
DECROLY, O. (1987) *La funció de la globalització i altres escrits*. Vic: Eumo (1925)
DEWEY, J. (1989) *Cómo pensamos*. Barcelona: Paidós (1910-1930).
EFLAND, A. (1997) El curriculum en red: una alternativa para organizar los contenidos de aprendizaje. *Kikirikí*. Cooperación Educativa, 42/43, pp. 96-109 (1995).
EISNER, E. (1971) Emergin Models for Educational Evaluation. *School Review*, 2, p. 573-590.
——. E. (1977) Thick Description. In Hamilton D. *et alli*. *Beyond the numbers game*. Londres: McMillan.
ELLIOT, J.(1985) Teaching for understanding and teaching for assessment: a review of teavhers research with special reference to its politicy implications. In Ebbut D. e Elliot J. (eds). *Issues in teaching for understanding*. York: Logman. (p. 108-125). Versão em castelhano em J.Elliot (1990) La investigación nacció en educación. Madrid: Morata.
ESTEFANIA, J. (1996) *La nueva economía. La globalización*. Madrid: Debate.
FREEDMAN, K. (1987) Art Education as Social Production: Culture, Society, and Politics in the Formation of Curriculum. T.S.Popkewitz. *The formation of School Subjects*. Nova York: Famer Press.

FREEDMAN, K., HERNANDEZ, F., WILSON, B. & CONDON, E. (1995) Interdisciplinary approaches to Art Education. *NAEA Conference*. Houston.
GADAMER, H. (1976) *Philosofical hermeneutics berkely*: University of California Press.
——. H. (1991) *The unschooled mind. How children think and how schools should teach*. Nova York: Basic Books (versão em castelhano da editora Paidós).
——. H. (1994) *Educación artística y desarrollo humano*. Barcelona: Paidós (1990).
GELL-MANN, M. (1995) *El quark y el jaguar. Aventuras en lo simple y lo complejo*. Barcelona: Tusquets (1993).
GERGEN, K. (1992) *El yo saturado. Dilemas de la identidad en el mundo contemporáneo*. Barcelona. Paidós (1991).
——. K. (1995) Social Construction and the Educational Process. In Steffe, L. e Gale, J. (eds) *Constructivism in education*. Hillsdale, NJ: Lawrence Erlbaum.
GIBBONS, M. *et all*. (1995) *The new prodution of knowledge*. Sage Publications.
GRUPO MINERVA (1994) En contra del método de proyectos. *Cuadernos de Pedagogía*, 221, pp. 74-77.
GUNNINGS, S. *et al*. (1990) *Topic teaching in the Primary School*. Londres: Routledge (1981).
HARGREAVES, A. (1996) *Professorado, cultura y postmodernidad*. Madrid: Morata.
HARGREAVES, A.; EARL, L. e RYAN, J. (1996) *Schooling for change. Reinventing education for early adolescents*. Londres: Falmer Press (versão em castelhano da editora Octaedro).
HARGREAVES, A. (1997) Momentos de milenio: agendas de investigación educativa para la era postmoderna. *Revista de Educación*.
HENRY, J. (1994) *Teaching trough projects*. Londres: Koogan Page.
HERNANDEZ, F. (1985) *La psicología ecológica*. Universidade de Barcelona: tese doutoral não publicada.
——. (1986) El pensamiento del profesor en la fase de evaluación. Implicaciones institucionales desde un abordaje contextual. In Villar, L.M. (edit.) *Pensamiento de los profesores y toma de decisiones*. Sevilla: Serviço de Publicações da Universidade: 5009-518.
——. (1992) A vueltas con la globalización. *Cuadernos de Pedagogía*, 202, pp. 64-66.
——. (1996) Para comprender mejor la realidad. *Cuadernos de Pedagogía*, 243, pp. 48-53.
——. (1996a) Buscando la complejidad en el conocimiento escoalr. *Kikirikí*. Cooperación Educativa. 39, pp. 32-38.
——. (1997) La necesidad de repensar el saber escolar (y la función de la escuela) en tiempos de mudanza. *AULA de innovación educativa*, 59, pp. 75-80.
——. (1997a) La psicología en la educación escolar. Una revisión tras la fiebre de los últimos tiempos. *Cuadernos de Pedagogía*, 256, pp. 78-85.
——. (1997b) What do students know and how they seek to know more? Knowledge base and the search for strategies in the study of Art History. In Voos, P. e Carretero, M. (eds). No prelo.
——. (1997c) Enseñar desde el reconocimiento de influencies. *Cuadernos de Pedagogía*, 264. No prelo.
——. (1997d) *Educación y cultura visual*. Sevilha. Morón: MCE.
HERNANDEZ, F. e SANCHO, J.M. (1989) Entrevista a John Elliot. De la autonomía al centralismo. *Cuadernos de Pedagogía*. 172. pp. 75-81.
——. (1993) Sueñan los innovadores con realidades galácticas? *Cuadernos de Pedagogía*, 214, pp. 68-71.
——. (1995) La comprensión de la cultura de las innovaciones educativas como contrapunto a la homogeniezación de la realidad escolar. *Kikirikí*, 35, pp. 4-11.
——. (1997) Howard Gardner. Del Proyecto Cero a la comprensión. *Cuadernos de Pedagogían*, 261, pp. 8-15.
HERNANDEZ, F. e VENTURA, M. (1992) *A organização do currículo por projetos*. Porto Alegre: Artes Médicas.

HERNANDEZ, F. ; CARBONELL, L.; e MASES, M. (1988): Conexiones entre el pensamiento y la acción en una investigación participativa sobre la evaluación del proceso de aprendizaje de los alumnos. In Marcelo, C. (ed). *Avances en el estudio del pensamiento de los professores.* Sevilha: Serviço de Publicações da Universidade: 281-293.
HURD, P. H. (1991) Why We Must Transform Science Education. *Educational leadership,* 49 (2), pp. 33-35.
KILPATRICK, W. H. (1918) The project method. *Teacher's college record,* 19, pp. 319-335.
KINCHELOE, J.L. (1993) *Toward a critical politcs of teacher thinking. Mapping the Postmodern.* Westpor, Connecticut: Bergin & Garvey (edição em português da Artes Médicas Editora).
McCLINTOCK, R. (1993) El alcance de las posibilidades pedagógicas. In McClintock, R. et ali. *Comunicación, tecnología y deseños de instrucción.* Madrid: CIDE-MEC.
LYCH, E. (1995) Un relativo relativismo. *Revista de Occidente,* 169, pp. 5-20.
MARTI, F. (1934) Aplicaciones del método de proyectos. *Revista de Educación,* 147, pp. 104-111.
MARTÍNEZ BONAFÉ, J. (1991) *Proyectos curriculares y práctica docente.* Sevilha: Díada.
———. (1994) Los olvidados. Memoria de una pedagogía divergente. *Cuadernos de Pedagogían* 230, pp. 58-65.
MORIN, E. (1981) *El método.* La naturaleza de la naturaleza. Madrid: Critica (1977).
———. El desafío de la globalidad. *Archipiélago,* 16, pp. 66-72.
PAULSON, L. e PAULSON, P. (1990) *How to protfolios measure up? A cognitive model for assessing portfolios.* ERIC Documents. Documento apresentado na conferência *Aggregating Portfolio Date.* Northwest Evaluation Association, Unio, WA.
PEREZ GOMEZ, A. (1983) Modelos contemporáneos de evaluación. In Gimeno, J. e Pérez, A. La enseñanza: su teoría e su práctica. Madrid: Akal.
PERKINS, D. (1992) *Smart School: From training memories to educating minds.* Nova York: Free Press.
PERKINS, D. & BLYTHE, T. (1994) Putting Understanding Up Front. *Educational leadership,* Fevereiro, 4-7.
POPKEWITZ, T. (Ed.) (1987) *School subjects and curriculum change.* Studies in Curriculum History. Londres: Falmer Press.
RAMONET, I. (1997) *Un mundo sin rumbo. Crisis de fin de siglo.* Madrid: Debate.
RODRIGO, M. J. (1996) Realidad y Conocimiento. *Kikirikí.* Cooperación Educativa. 39, pp. 18-21.
———. (1997) Las teorías implícitas en el aprendizaje escolar: qué hacer con el conocimiento cotidiano en el aula? *Kikirikí.* Cooperación Educativa, 42/43, pp. 51-54.
RODRIGO, M.J. & ARNAY, J. (comp) (1997) *La construcción del conocimiento escolar.* Barcelona: Paidós.
SAINZ, F. (1931) *El método de proyectos.* Madrid: Revista de Pedagogía.
SALGUEIRO, A. M. (1998) *Saber docente y práctica cotidiana. Un estudio etnográfico.* Barcelona: Ocataedro.
SANCHO, J. M. (1994) Dalton: La escuela del futuro-presente. *Cuadernos de Pedagogía,* 221, pp. 60-66.
SANCHO, J. M. (1996) Aprendizaje y ordenador: metáforas y mitos. *Revista de Educación,* 310, pp. 313-336.
SANCHO, J. M.; HERNANDEZ, F. & CARBONELL, J. et al. (1997) *Aprendiendo de las innovaciones en los centros.* Baarcelona: Ocataedro.
SANCHO, J.M. & HERNANDEZ, F. (1997) La investigación educativa como espacio de dilemas y contradcciones. *Revista de Educación* (no prelo).
SANTEE, L. & WARREN, J. (1995) *The subject in question.* Nova York: Teachers College Press.
SCHUDI, S. & LAFER, S. (1996) *The interdisciplinary teacher's handbook.* Integrated Teaching Across the Curriculum. Portsmouth: Boyntin/Cook.

SENGE, P. (1990) *The fifth discipline. The art and practice of learning organization.* Nova York: Doubleday/Currency.
SOTELO, I. (1994) El fundamentalismo liberal. *El País,* 17 de dezembro.
STENSOUSE, L. (1970) *The humanities project: an introduction.* Londres: Heinemann Educational Books.
——. (1984) *Investigación y desarrollo del curriculum.* Madrid: Morata.
TANN, S. (ed) (1988) *Developing topic work in the primary school.* Londres: Falmer Press.
THOMPSON, J. (1980) *Interdisciplinarity: history, theeory, and practice.* Detroit: Wayne state University Press.
TORRES, J. (1994) *Globalización e interdisciplinariedad: el curriculum integrado.* Madrid: Morata.
VARELA, J. & ALVAREZ, F. (1991) *La arqueología de la escuela.* Madrid: La Piqueta.
WOOD, K. (1996) *Interdisciplinary Instruction.* Columbus: Merril- Prentice Hall.
ZABALA, A. (1995) El enfoque globalizador. *Cuadernos de Pedagogía,* 168.